David   Usia
Salomo   Jonathan
Rehabeam   Ahas
Abia   Hiskia
Asa   Manasse
Josaphat   Amon
Joram   Josia

Jojachin   A...
Sealthiel   Eliud
Serubabel   Eleasar
Abiud   Mattan
Eliakim   Jakob
Asor   Joseph
Zadok   Jesus

Anita Schalk · Tanja Husmann (Illustration)

Kommt doch mit nach Bethlehem

Anita Schalk ✳ Tanja Husmann (Illustration)

Kommt doch mit nach Bethlehem!

Die Geschichte vom allerersten Weihnachtsfest

SCM

Kläxbox

SCM
Stiftung Christliche Medien

Der SCM-Verlag ist eine Gesellschaft der Stiftung Christliche Medien,
einer gemeinnützigen Stiftung, die sich für die Förderung und Verbreitung christlicher Bücher,
Zeitschriften, Filme und Musik einsetzt.

© 2014 SCM Kläxbox im SCM-Verlag GmbH & Co. KG
Bodenborn 43 · 58452 Witten
Internet: www.scmedien.de | E-Mail: info@klaexbox.de

Illustration: Tanja Husmann | Satz: Ole Husmann | Freiburg
Gestaltung: www.dekoartistda.de
Druck und Bindung: Druckerei Theiss - www.theiss.at
Gedruckt in Österreich
ISBN 978-3-417-28652-6
Bestell-Nr. 228.652

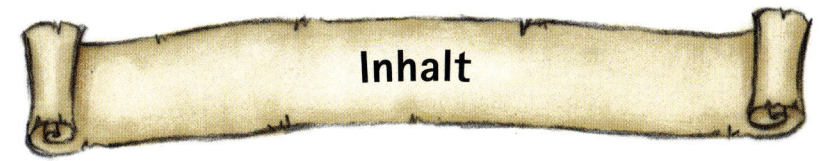

Inhalt

Einfach nur lesen – oder mehr ...

Spätestens, wenn Kinder eine Familie bereichern, stellt sich die Frage: Wie gestalten wir die Adventszeit für uns? Was möchten wir unseren Kindern in dieser Zeit weitergeben? Und wie kann die biblische Erzählung, die ja der Ursprung des Weihnachtsfestes ist, im Advent Form annehmen?

Die Geschichte vom allerersten Weihnachtsfest kann dabei helfen, ein wenig Ruhe in die oft hektische Zeit zu bringen. Besonders im Advent mache ich es mir gern mit meinen Kindern zum gemeinsamen Lesen gemütlich. Wir singen ein oder zwei Lieder und zünden den Adventskranz an. Jeden Tag lese ich einen Abschnitt vor, bis an Heiligabend die Weihnachtsgeschichte komplett ist. Natürlich klappt das nicht immer. Dann freuen sich meine Kinder am nächsten Tag auf zwei Kapitel.

Großen Spaß haben Kinder daran, das Gehörte nachzustellen oder zu spielen. Dafür eignen sich Spielpüppchen, wie man sie in jedem Kinderzimmer findet, eine Weihnachtskrippe oder selbstgebastelte Figuren. Auf einer Fensterbank, einem Tisch oder Tablett finden Elisabeth, Zacharias und die übrigen Personen ihren Platz und frischen die Erinnerung an die Kapitel der vergangenen Tage auf. Lässt man sie dort bis Heiligabend stehen und passt sie der jeweils erzählten Szene an, entsteht nach und nach das Bild der ersten Weihnacht. Da wird schon mal ein Playmobil-Motorradfahrer zum Hirten und der Teddy zum Engel.
Wer mehr Platz an Fenster, Tür oder Wand hat, kann Figuren und Kulissen von den Kindern malen und ausschneiden lassen. Sie lassen sich gut mit Klebestreifen am Fenster, am Kühlschrank o.ä. befestigen.

Durch die unterschiedlichen Nutzungsmöglichkeiten wird „Kommt doch mit nach Bethlehem!" zu einem Buch für die ganze Familie. Auch ältere Kinder entdecken in den Erzählungen immer wieder Neues. Mit ihnen kann man zuerst den angegebenen Bibeltext lesen und darüber sprechen, wie das Gelesene wohl konkret ausgesehen haben könnte.
Oder Sie lesen das Buch einfach in einem Rutsch durch. Wie auch immer Sie es bevorzugen – ich wünsche Ihnen viel Vergnügen beim Lesen, das eine oder andere Aha-Erlebnis und eine Menge kreativer Ideen!

Anita Schalk

Elisabeth

Die Geschichte vom allerersten Weihnachtsfest beginnt vor vielen Hundert Jahren. Sie ereignet sich in einem Land, das sehr weit weg liegt. Es heißt Israel. Im Sommer ist es dort viel wärmer als bei uns. Die Sonne scheint heiß und es gibt fast keinen Regen. Am allerwenigsten in der Wüste. Da gibt es nur Steine und Sand. Niemand möchte hier wohnen.

Am Meer, am Fluss und in den Bergen von Israel bauen die Menschen ihre Häuser. Dort haben sie genug Wasser zum Leben. Im Gebirge und an der Küste regnet es im Winter sehr viel. Das ist wichtig, damit das Getreide und Obst wachsen kann. Die Leute graben Brunnen, in denen sie das Regenwasser sammeln. So reicht es bis zum nächsten Sommer. Wenn das Wetter wieder heiß und trocken wird, gießen sie die Pflanzen mit Wasser aus dem Brunnen. Sonst würde alles vertrocknen.

In einem kleinen Dorf in den Bergen wohnt Elisabeth. Sie ist verheiratet, aber Kinder und Enkelkinder hat sie keine. Deshalb ist Elisabeth richtig traurig. Sie hat schon oft gebetet und Gott gesagt, wie sehr sie sich ein Kind wünscht. Aber nichts wollte passieren.

Inzwischen ist Elisabeth sehr alt geworden. Wenn Menschen so alt sind wie Elisabeth, können sie gar keine Kinder mehr bekommen. Trotzdem hat Elisabeth Gott sehr lieb. Sie versteht zwar nicht, warum Gott ihre Gebete nicht erhört, doch sie glaubt fest daran, dass er sie liebt. Schließlich hat er ihr schon so viel anderes geschenkt!

Langeweile kennt Elisabeth nicht. Wenn sie Brot bäckt, muss sie zuerst Getreide zu Mehl mahlen und Wasser vom Brunnen holen. Oft webt sie Stoff aus Wolle und näht Kleider daraus. Oder sie zündet ein Feuer an und kocht das Essen.

Besonders gern geht Elisabeth in ihren Garten. Gerade tritt sie aus der Tür ihres Hauses, um draußen nach dem Rechten zu sehen. Elisabeth riecht an den bunten Blumen, die sie vor einigen Monaten ausgesät hat. „Das hat Gott wunderbar gemacht", denkt sie. „Dieser Duft! Und die schönen Farben!" Elisabeth lächelt. Dann richtet sie sich wieder auf. Sie will kontrollieren, ob sie ihre Obstbäume gießen muss. Plötzlich hört sie hinter sich ein lautes Knacken. Elisabeth zuckt zusammen. Was war das? Jetzt raschelt es. Elisabeth bekommt Angst. „Was soll ich bloß tun, wenn plötzlich ein Bär vor mir steht?", fragt sie sich. Schnell wegrennen kann sie nicht. Dafür ist sie zu alt.

Auf einmal sieht sie, woher die Geräusche kamen: Ein Fuchs hat in Elisabeths Garten nach Früchten gesucht. Als er die Frau riecht, dreht er sich um und läuft davon. Erleichtert setzt sich Elisabeth unter einen Mandelbaum. Sie lehnt sich an seinen Stamm und seufzt. „Nur ein Fuchs", denkt sie. Das ist nicht schlimm. Das kann schon mal vorkommen. Füchse mögen

Weintrauben und Elisabeth pflegt drei Weinstöcke in einer Ecke des Gartens. „Ich muss gleich nachsehen, ob das Tier die Zweige abgeknickt hat", überlegt sie. Schließlich hat sie Holz zerbrechen gehört. „Aber solange mir keiner an meinen Mandelbaum geht, bin ich froh." Das ist ihr Lieblingsbaum. Denn wenn der Winter vorbei ist, bekommt er als allererster Baum kleine weiße Blüten. Wie das duftet! Später werden Mandeln aus den Blüten. Die schmecken Elisabeth gut! Wenn Elisabeth besonders viele Mandeln erntet, presst sie Öl daraus. Das verwendet sie zum Backen. Oder sie reibt sich die Hände damit ein wie mit einer guten Creme.

Vielleicht mag Elisabeth aber den Feigenbaum noch lieber, der mitten im Dorf am Wegrand wächst. Davon kann sie fast das ganze Jahr über Feigen pflücken! Das ist etwas ganz Besonderes. Weintrauben sind nur im Herbst reif und Oliven nur im Winter. Aber frische Feigen gibt es fast immer.

Elisabeth steht auf und geht zu den Trauben. Tatsächlich: Ein ganzer Weinstock ist abgefressen. Davor auf dem Boden liegt ein großer Zweig. Zum Glück sind die anderen beiden Pflanzen noch in Ordnung.

Elisabeth gibt den Weinstöcken nun ein wenig Wasser. Sie kümmert sich gut um ihren Garten, denn sie möchte gern viel Obst ernten. Aber sie weiß auch: Nur wenn Gott Regen schickt, können die Pflanzen wachsen. Und nur wenn Gott die Sonne zur richtigen Zeit scheinen lässt, werden die Früchte reif.

In Kürze

Elisabeth lebt in einem Dorf in den Bergen von Israel. Sie ist schon sehr alt. Sie könnte Oma sein oder sogar Uroma! Aber sie hat keine Kinder. Deshalb ist Elisabeth sehr traurig. Sie hat schon oft gebetet und Gott gesagt, wie sehr sie sich ein Kind wünscht. Aber nichts ist passiert. Trotzdem hat Elisabeth Gott sehr lieb. Sie weiß, dass er sie gut versorgt. Wenn Elisabeth Brot bäckt, muss sie zuerst Getreide zu Mehl mahlen und Wasser vom Brunnen holen. Aus Wolle webt sie Stoff und näht Kleidung daraus.

Lukas 1,5–7

In der Bibel steht nur sehr wenig über Elisabeth. Das Klima und die **Lebensweise** der Menschen vor rund 2.000 Jahren in Israel sind allerdings gut erforscht und in Nachschlagewerken (S. 108) festgehalten. So ist die Begegnung mit dem Fuchs zwar erfunden, sie könnte aber durchaus stattgefunden haben.

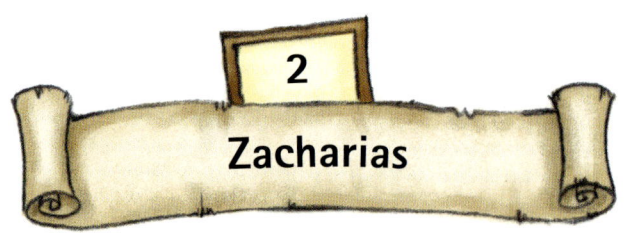

2
Zacharias

Elisabeth hat zwar keine Kinder, aber alleine leben muss sie trotzdem nicht. Sie ist ja verheiratet: mit Zacharias. Er ist Priester und arbeitet für Gott im Tempel. Der Tempel ist ein großes, besonders schönes Haus. Dorthin kommen die Menschen aus dem ganzen Land Israel, um zu beten und Gottesdienst zu feiern. Zacharias hilft mit, dass der Gottesdienst gut gelingt. Er kennt Gott sehr gut und hat ihn lieb.

Auch heute sind viele Menschen von weit her angereist, um in den Tempel zu gehen. Dort soll ihnen Zacharias von Gott erzählen und erklären, was in der Bibel steht. Schon früh am Morgen sitzt Zacharias im Hof des Tempels. Da kommt ein junger Mann auf ihn zu. Zacharias kennt ihn: „Hallo Simon!"
Unruhig tritt Simon von einem Fuß auf den anderen. „Zacharias …", grüßt er den Priester.
„Was ist los mit dir?", fragt Zacharias und erhebt sich.
Da berichtet ihm Simon, was gestern passiert ist. Als er von der Arbeit nach Hause kam, duftete es im ganzen Haus nach Feigenkuchen. „Den mag ich sooo gerne", gibt Simon zu.
Zacharias nickt. Er freut sich auch jedes Mal, wenn seine Frau Elisabeth Feigenkuchen backt.
Simon erzählt weiter. Seine Mutter war nicht im Haus. Aber der Feigenkuchen, den sie frisch gebacken hatte, lag auf dem Tisch. Vielleicht war Simons Mutter auf den Markt gegangen? Der junge Mann schaute sich um. Wenn er nun ein ganz klein wenig probieren würde …
„Für wen war der Kuchen denn bestimmt?", fragt Zacharias, als Simon eine Pause macht.
Simon senkt den Kopf. Der Leckerbissen war Proviant für seinen Vater. Der sollte etwas zu essen mitnehmen, wenn er am nächsten Tag verreisen würde.
„Ich dachte, es würde Papa nicht auffallen, wenn ein bisschen von dem Kuchen fehlt", verteidigt sich Simon. Er erzählt dem Priester, wie er schnell ein kleines Stück abbrach. Und dann noch eins. Und noch eins. Das war ja so köstlich! „Ich habe erst aufgehört zu essen, als nichts mehr übrig war", gibt der junge Mann zu. Jetzt stehen ihm Tränen in den Augen. Was hat er da nur angerichtet! Jetzt hat sein Vater nichts, was er auf seine Reise mitnehmen kann! Simon schämt sich.
Zacharias legt den Arm um ihn. „Und als deine Mutter nach Hause kam?", hakt der Priester nach.
Simon schluckt. „Mama wunderte sich, wo der Feigenkuchen sei. Ich hatte Angst, dass sie mit mir schimpft. Also habe ich behauptet, ich wüsste es nicht. Ich habe sie angelogen." Traurig erzählt Simon, dass er sich früh hingelegt hat, aber nicht einschlafen konnte. Immer wieder musste er daran denken, dass er den Kuchen gegessen hatte. Und dann hatte er noch nicht

einmal seiner Mutter die Wahrheit gesagt! „Ach Zacharias, ich weiß nicht, was ich tun soll! Bestimmt ist Gott sauer auf mich. Ich wusste doch, dass es nicht richtig war, den Kuchen zu essen. Und ich wusste, dass Gott es nicht leiden kann, wenn ich lüge." Simon schluckt. „Trotzdem habe ich es getan", flüstert er. Ob Gott ihn jetzt noch lieb hat? Eigentlich möchte Simon mit Gott befreundet sein! Aber ist Gott jetzt überhaupt noch sein Freund?

„Simon", sagt Zacharias, „Gott hat dich immer noch lieb."

Simon blickt auf.

Zacharias fährt fort: „Aber Gott ist traurig, weil du nicht auf ihn gehört hast. Sag ihm, dass es dir leidtut." Dann hilft Zacharias ihm, sich mit Gott zu versöhnen: Simon kauft eine Taube und schenkt sie Gott. Das nennen die Menschen in Israel „Opfer". Damit bittet Simon Gott um Verzeihung. Jetzt weiß er: Gott hat mir vergeben. Er ist immer noch mein Freund.

„Gott möchte, dass du die Wahrheit sagst", erinnert Zacharias den jungen Mann.

Simon nickt.

„Jetzt", sagt Zacharias, „musst du wiedergutmachen, was zwischen dir und deiner Mutter nicht in Ordnung ist. Gott wird dir dabei helfen."

Simon weiß, was er zu tun hat. Er muss seiner Mutter alles erzählen und sich entschuldigen. Am besten hilft er ihr, einen neuen Feigenkuchen zu backen, bevor sein Vater abreist! Der junge Mann verabschiedet sich von Zacharias.

Der Priester sieht ihm nach. Auf einmal dringt ein feiner Geruch aus dem Inneren des Tempels. Zacharias weiß, was das bedeutet: Jeden Morgen und jeden Abend bringt ein Priester im Tempel ein Räucheropfer für Gott. Dazu wird Weihrauch angezündet und verbrannt. Das knistert und duftet! Die Priester in Israel tun das, um Gott eine Freude zu machen.

Weil es viele Priester gibt, bringt jeden Tag ein anderer das Räucheropfer. Morgen ist Zacharias dran.

In Kürze

Elisabeths Mann heißt Zacharias. Er arbeitet als Priester im Tempel. Dort erzählt er den Menschen von Gott und erklärt ihnen, was in der Bibel steht. Zacharias kennt Gott sehr gut und hat ihn lieb.
Die Menschen, die zu Zacharias in den Tempel kommen, möchten gerne mit Gott befreundet sein. Aber sie haben Dinge getan, die Gott nicht gefallen. Zacharias hilft ihnen, sich mit Gott zu versöhnen.

Lukas 1,5

Nicht jeder durfte **Priester** werden. Der allererste Priester war Aaron. Gott bestimmte, dass nur Aarons Söhne, deren Söhne usw. in heiligen Räumen wie dem Tempel für ihn arbeiten sollten. Schon Zacharias´ Vater und Opa waren also Priester. Deshalb wurde auch Zacharias Priester. Weil es sehr viele Priester gab, wechselten sie sich mit dem Dienst im Tempel ab. Manche von ihnen waren nur einmal in ihrem Leben an der Reihe! Deshalb wohnten die Priester auch nicht alle in Jerusalem, wo der Tempel stand.

3
Gabriel, der Engel des Herrn

Zacharias ist bei der Arbeit. Er weiß genau, was er tun muss. Langsam geht er durch den Tempel. Auf dem Hof haben sich viele Menschen versammelt. Sie beten. Zacharias steigt die Stufen zur Vorhalle hinauf. Auch er betet. Er wünscht sich so sehr ein Kind! So oft hat er Gott schon darum gebeten. Aber Gott hat ihm kein Kind geschenkt. Das macht Zacharias traurig. Ganz leise sagt er: „Gott, bitte lass uns endlich ein Kind bekommen!" Aber eigentlich weiß Zacharias, dass er viel zu alt ist, um Papa zu werden. Und seine Frau Elisabeth ist auch zu alt, um Mama zu werden.

Zacharias hat die Vorhalle durchquert. Er geht durch ein Tor und gelangt in den heiligen Raum. Hier soll Zacharias das Räucheropfer bringen. Der alte Mann ist jetzt ganz allein. Er legt glühende Kohlen auf den Altar. Das ist der Tisch, auf dem der Weihrauch verbrannt wird. Oben und an allen Seiten ist der Altar mit Gold überzogen. So kann er nicht selbst Feuer fangen. Richtig toll sieht der Tisch aus! Sehr edel und überaus wertvoll. Er erinnert die Priester daran, dass es etwas ganz Besonderes ist, Gottes Freund zu sein. Das ist ein richtiger Schatz. Zacharias kennt sich gut aus. Er nimmt genau die richtige Menge Weihrauch und legt die Stücke auf die Kohle. Es knistert. Rauch steigt auf und ein wunderbarer Duft breitet sich aus. Genauso wie jeden Morgen und jeden Abend, wenn ein Priester das Räucheropfer darbringt. Zacharias atmet tief ein.

Plötzlich zuckt er zusammen. Da steht jemand! Rechts neben dem Altar! Eben war da noch niemand! Wer ist das nur? Wie kommt er hier herein? Zacharias hat auf einmal richtig Angst. „Fürchte dich nicht, Zacharias!", spricht der Fremde ihn an.
Zacharias wundert sich: „Woher kennt er meinen Namen?" Das ist wirklich seltsam.
Der Gast fährt fort: „Gott hat dein Gebet erhört."
Da versteht Zacharias: Neben dem Altar steht ein Engel und spricht mit ihm. Ein Bote Gottes! Zacharias blinzelt. Das ist also ein Engel! Dabei sieht er aus wie ein Mann. Ein besonderer Mann, der immer ganz nah bei Gott sein darf. Es ist, als wäre Gott mit dem Engel ein Stück näher zu Zacharias gekommen. Der Priester fühlt sich ganz merkwürdig. So etwas ist ihm noch nie passiert! Warum Gott wohl den Engel in den Tempel geschickt hat?
Der Engel fährt fort. Er hat eine Nachricht von Gott für Zacharias: „Deine Frau Elisabeth wird dir einen Sohn gebären." Noch lange redet der Engel mit Zacharias. Das Kind, das er und Elisabeth bekommen werden, soll vielen Menschen von Gott erzählen.
„Aber Elisabeth und ich, wir sind doch schon viel zu alt, um ein Kind zu bekommen", widerspricht Zacharias.

„Es wird genau so geschehen, wie ich es gesagt habe", antwortet der Engel. Sein Name ist Gabriel. „Damit du weißt, dass das stimmt, wirst du ab sofort stumm sein. Du kannst erst wieder sprechen, wenn dein Kind geboren ist." Dann verschwindet der Engel Gabriel. Er hat seine Aufgabe erfüllt und Zacharias die Botschaft von Gott überbracht. Jetzt kehrt er zu Gott zurück.

Zacharias ist ganz überwältigt. „Habe ich wirklich einen Engel gesehen?", denkt er. „Hat Gott mir tatsächlich ausrichten lassen, dass ich Vater werde?" Er reibt sich die Augen, aber von dem Engel ist nichts mehr zu sehen. Nachdenklich geht der alte Mann hinaus zu den Menschen. Sie warten darauf, dass er ihnen etwas von Gott erklärt. Aber als Zacharias den Mund öffnet, kommt kein Ton heraus. Genau, wie es der Engel gesagt hat! Jetzt weiß Zacharias ganz sicher: Gott wird dafür sorgen, dass er ein Kind bekommt. Einen besonderen Jungen, der den Menschen von Gott erzählt.

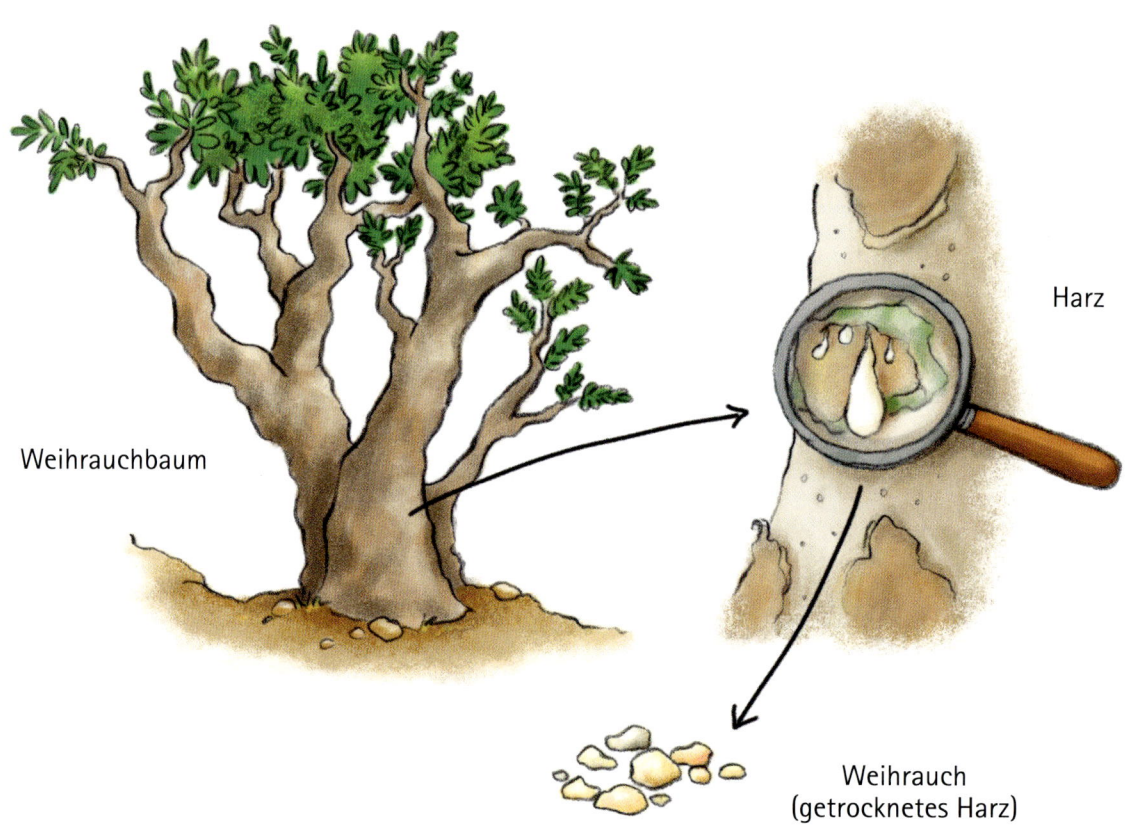

Weihrauchbaum

Harz

Weihrauch
(getrocknetes Harz)

In Kürze

Jeden Morgen und jeden Abend bringt ein Priester im heiligen Raum des Tempels ein Räucheropfer. Eines Tages ist Zacharias an der Reihe. Er ist ganz allein, als er seine Arbeit verrichtet. Plötzlich erschrickt er. Da steht jemand neben dem Altar!

Als der Mann ihn anspricht, versteht Zacharias: Es ist ein Engel, der eine Nachricht von Gott für ihn hat.

„Deine Frau Elisabeth wird dir einen Sohn gebären", sagt der Engel. „Er wird vielen Menschen von Gott erzählen."

Zacharias kann das nicht glauben.

Doch der Engel besteht darauf: „Damit du weißt, dass es stimmt, wirst du ab sofort stumm sein. Du kannst erst wieder sprechen, wenn dein Kind geboren ist." Dann verschwindet der Bote Gottes.

Als Zacharias mit den Menschen im Tempel reden will, bekommt er keinen Ton heraus. Jetzt weiß er genau: Gott wird dafür sorgen, dass er ein Kind bekommt.

Lukas 1,8–22

Weihrauch sind getrocknete Baumharz-Stücke. Wie auch bei europäischen Nadelbäumen tritt aus dem Weihrauch-Baum Harz aus, wenn man die Rinde verletzt. Wird es angezündet, knistert Weihrauch und verströmt einen starken Duft.

4

Maria

Wieder hat der Engel Gabriel einen Auftrag von Gott bekommen. Er soll auch Maria eine Botschaft überbringen.

Maria lebt in Nazareth, einem kleinen Dorf, das von Bergen umgeben ist. Das Haus, in dem sie mit ihren Eltern und Geschwistern wohnt, ist sehr klein. Es gibt nur einen einzigen Raum für alle! Aber meistens halten sich die Menschen sowieso draußen auf: im Hof vor der Hütte. Dort arbeiten die Erwachsenen, reden oder ruhen sich aus. Auch die Kinder spielen hier.

Maria ist gerade erst erwachsen geworden. Sie hilft den anderen Frauen, Brot zu backen und Kleidung zu nähen. Heute sitzt sie allein im Hof. Ihre Eltern, Geschwister und die Nachbarn sind zum Markt gegangen. Maria mahlt in dieser Zeit Getreidekörner zu Mehl. Sie dreht die Mühle und denkt dabei an Josef. Maria hat Josef sehr lieb. Und Josef liebt Maria genauso. Bald werden die beiden heiraten! Das haben sie sich versprochen. Jetzt sind sie verlobt. Ein bisschen aufgeregt ist Maria schon. Das wird ein großes Fest geben! Alle werden sich freuen, sie werden tanzen und köstliche Speisen miteinander teilen. Maria und Josef werden sehr glücklich sein. Dann wird Maria zu Josef ziehen und mit ihm in seiner Hütte wohnen. Darauf freuen die beiden sich sehr.

Plötzlich zuckt Maria zusammen. Da steht doch jemand! Genau vor ihr! Sie hat ihn gar nicht kommen sehen.

„Sei gegrüßt, Maria", sagt der Fremde. Er kennt ihren Namen! „Gott ist mit dir", fährt er fort, „und Gott hat etwas Wichtiges mit dir vor." Es ist der Engel Gabriel, der mit Maria spricht.

Maria überlegt. Was hat Gott wohl mit ihr vor? Sie kann doch gar nichts Besonderes. Noch nicht einmal lesen und schreiben hat sie gelernt. Das dürfen in Marias Heimat nur die Jungen. Maria denkt: „Ich habe kein Geld. Ich bin nicht stark. Und ich bin auch nicht das schönste Mädchen in Nazareth. Naomi ist viel hübscher als ich. Wozu könnte Gott mich nur gebrauchen?"

Gabriel erklärt es ihr: „Du wirst ein Kind bekommen. Einen Jungen. Gott wird sein Vater sein." Wenn das Baby geboren ist, soll Maria ihm den Namen Jesus geben. „Weil das Kind Gottes Sohn ist, wird es für immer König sein."

Das ist ganz schön schwierig zu verstehen, findet Maria. Sie nimmt sich vor: „Nachher muss ich in Ruhe darüber nachdenken, was der Engel gesagt hat. Ich bin nicht verheiratet und soll doch ein Kind bekommen."

Da spricht Gabriel weiter: „Verlass dich darauf, Gott kann alles! Er kann bewirken, dass du von ihm ein Baby bekommst. Du kennst doch Elisabeth und Zacharias. Du weißt, dass sie viel zu

alt sind, um Eltern zu werden. Stell dir vor, Gott hat ihre Gebete erhört und schenkt ihnen ein Kind! Gott kann wirklich alles."

Maria nickt: „Ich bin einverstanden. Es soll alles so passieren, wie Gott es will." Nachdenklich schaut sie auf ihre Getreidemühle. Als sie wieder aufblickt, ist der Engel verschwunden.

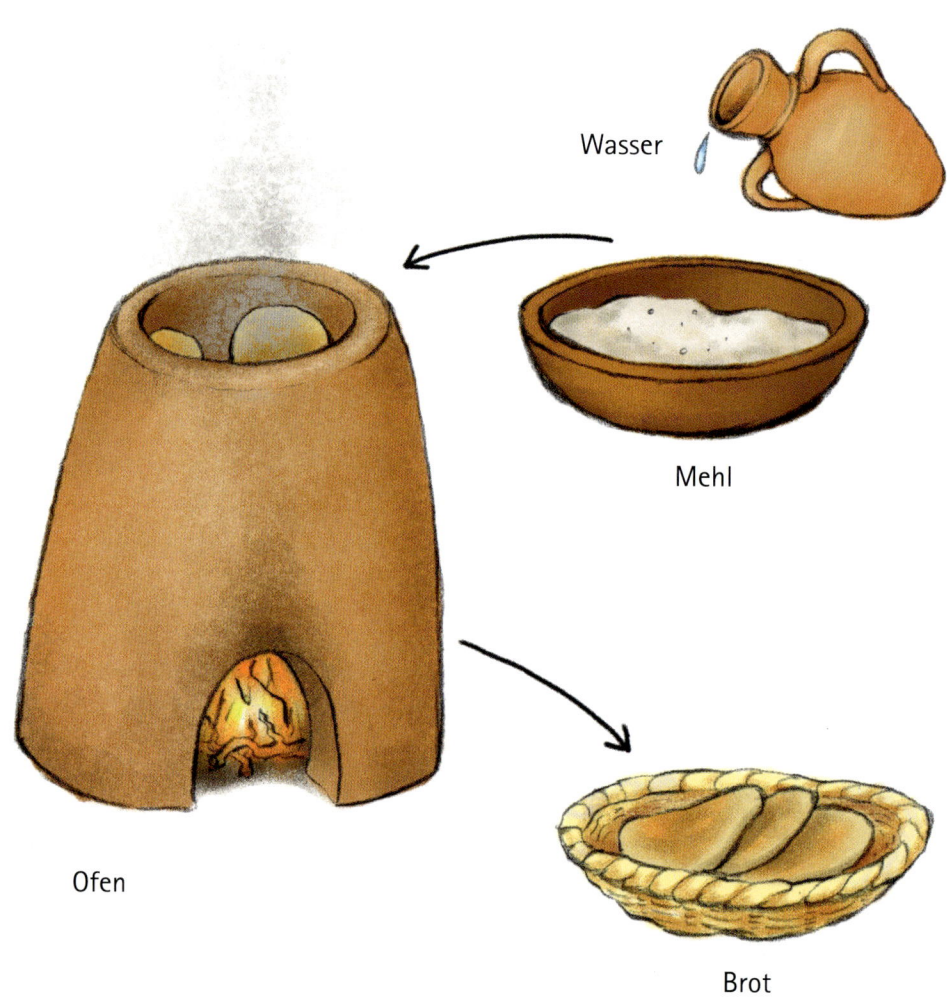

Wasser

Mehl

Ofen

Brot

In Kürze

Maria lebt in Nazareth, einem kleinen Dorf in den Bergen. Sie ist gerade erst erwachsen geworden und wohnt mit ihren Eltern und Geschwistern in einer Hütte. Bald wird sie ihren Verlobten Josef heiraten. Dann wird sie zu ihm ziehen.

Eines Tages bekommt Maria Besuch. Es ist der Engel Gabriel, der ihr von Gott eine Botschaft bringt: „Du wirst ein Kind bekommen. Einen Jungen. Gott wird sein Vater sein." Wenn das Baby geboren ist, soll Maria ihm den Namen Jesus geben. „Weil das Kind Gottes Sohn ist, wird es für immer König sein." Er erzählt ihr auch davon, dass Elisabeth und Zacharias ein Baby erwarten, obwohl sie schon so alt sind.

Maria antwortet: „Ich bin einverstanden. Es soll alles so passieren, wie Gott es will."

Lukas 1,26–38

Verlobte Paare heirateten normalerweise, sobald die Frau 18 Jahre alt wurde. Der Mann war meistens älter. Die **Hochzeit** wurde als ein großes Fest gefeiert, das sieben Tage lang dauerte. Dabei wurde das Brautpaar reichlich geschmückt. Es gab viel Musik und Gesang, Spiele, jede Menge gutes Essen und viele, viele Gäste.

27

Maria besucht Elisabeth

Was für eine Nachricht: Maria soll ein Kind von Gott bekommen! Und Elisabeth, die doch schon viel zu alt ist, um Mutter zu werden, erwartet auch ein Baby. „Am besten, ich besuche Elisabeth", überlegt Maria. „Auf dem Weg kann ich in Ruhe über alles nachdenken, was der Engel mir gesagt hat. Und dann werde ich mich mit Elisabeth über Gottes Wunder freuen." Maria packt etwas zu essen und zu trinken ein und geht los. Eine lange Wanderung hat sie vor sich. Maria beeilt sich. Sie kann es kaum erwarten, Elisabeth zu begegnen. Den Weg kennt sie gut, denn sie war schon einmal bei Elisabeth. Auch wenn diese viel älter ist als Maria, mögen sich die beiden Frauen sehr.

Doch diesmal ist alles anders als bei ihrem letzten Besuch. Maria weiß, dass sie schwanger ist. Noch hat sie niemandem davon erzählt. Aber bald werden es alle sehen. Marias Bauch wird dicker werden. „Dann zeigen die Leute auf mich", denkt sie. „Alle werden glauben, dass das Kind von einem fremden Mann ist. Weil es nicht Josefs Baby ist. Sie werden nicht verstehen, dass Gott der Vater ist. Bestimmt wird Josef mich verlassen." Maria schluckt. Dann schüttelt sie den Kopf, als könne sie damit alle Sorgen verscheuchen. „Nein", sagt sie zu sich, „weil Gott sein Vater ist, wird er auch selbst auf das Kind aufpassen. Und auf mich." Das tröstet Maria. Sie fährt sich mit der Hand über den Bauch, als wolle sie das Baby streicheln. „Es ist so wunderbar, dass Gott mich gebraucht", freut sie sich. „Ich darf Gott helfen!" Dann fällt ihr etwas ein, das sie von ihren Eltern gelernt hat: Vor langer Zeit hat Gott den Menschen versprochen, ihnen einen besonderen König zu schicken. Einen, der für immer regieren würde. Dieser Herrscher sollte den Menschen Gutes tun. Er könnte ihnen alles über Gott erklären und ihnen helfen, mit Gott Freundschaft zu schließen. „Dieser König ist Jesus!", begreift Maria. Jetzt freut sie sich noch mehr.

Bergauf und bergab wandert Maria. In der Ferne kann sie bald das Dorf erkennen, in dem Elisabeth mit ihrem Mann Zacharias lebt. Nur noch eine Wegbiegung und schon entdeckt sie das Haus der beiden alten Leute. Als sie den Mandelbaum sieht, lächelt Maria. „Elisabeths Lieblingsbaum", denkt sie und läuft schneller. Wo Elisabeth wohl steckt? Im Garten ist sie jedenfalls nicht. Maria betritt das Haus.
„Elisabeth! Gesegnet bist du", grüßt Maria und nimmt ihre Freundin in die Arme.
Elisabeth drückt Maria an sich. Sie ruft: „Maria, du selbst bist gesegnet! Gott hat Großes mit dir vor. Er tut dir Gutes. Auch das Baby in deinem Bauch ist gesegnet."
Maria wundert sich. Sie hat Elisabeth doch gar nichts davon erzählt! Niemand weiß, dass sie

schwanger ist! Gott selbst muss es Elisabeth gesagt haben. Und er hat ihr sicher auch erklärt, dass Maria ein besonderes Kind erwartet, denn Elisabeth spricht weiter: „Ich freue mich so, dass du mich besuchst. Du bist die Mutter meines Königs! Weißt du was? Genau in dem Moment, als du mich begrüßt hast, hüpfte das Kind in meinem Bauch vor Freude."

Die beiden Frauen haben sich viel zu erzählen. Sie singen Lieder für Gott und danken ihm.
„Gott vollbringt Wunder", sagt Elisabeth.
„Ja", antwortet Maria. „Was kein Mensch tun oder verstehen kann, das macht Gott."
„Ich freue mich so, dass wir ein Baby bekommen werden", strahlt Elisabeth. „Zacharias konnte es erst gar nicht glauben."
Maria meint nachdenklich: „Es ist wunderbar, dass Gott mich gebraucht, obwohl ich gar nichts Besonderes kann."

Lange bleibt Maria bei Elisabeth. Sie hilft ihr bei der Arbeit und übernachtet in ihrem Haus. Elisabeths Bauch wird in dieser Zeit immer dicker. Und eines Tages ist es so weit: Elisabeths Baby wird geboren.

Zimbeln

Flöte

Tamburin

In Kürze

Maria besucht Elisabeth. Sie überlegt: Vor langer Zeit hat Gott den Menschen versprochen, dass er ihnen einen besonderen König schicken würde. Dieser Herrscher würde den Menschen Gutes tun. Er würde ihnen alles über Gott erklären und ihnen helfen, mit Gott Freundschaft zu schließen. „Dieser König ist Jesus, das Baby in meinem Bauch!", begreift Maria. Sie freut sich, dass Gott sie gebraucht.

Als sie bei Elisabeth ankommt, wundert sich Maria: Ihre Freundin weiß bereits, dass Maria ein Kind erwartet! Dabei hat sie doch niemandem davon erzählt! Gott selbst muss es Elisabeth gesagt haben. Die beiden Frauen singen Lieder für Gott und danken ihm. Maria bleibt lange bei Elisabeth. Sie hilft ihr bei der Arbeit und übernachtet in ihrem Haus.

Lukas 1,39–56

Gemeinsam **Lieder** zu singen gehörte im jüdischen Volk zum alltäglichen Leben. Natürlich wurde zu feierlichen Anlässen gesungen, aber auch um verreisende Freunde zu verabschieden, Heimkehrer zu begrüßen oder um allgemein Freude oder Trauer zum Ausdruck zu bringen. Auch Liebeslieder wurden gern gesungen - das bekannteste Beispiel in der Bibel ist das Hohelied.

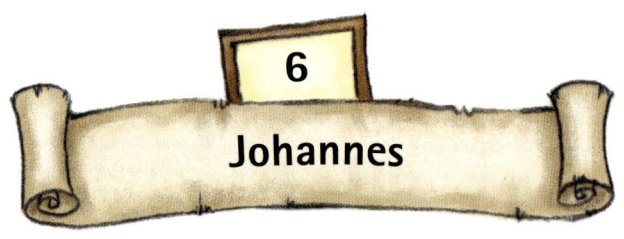

6
Johannes

Erschöpft liegt Elisabeth auf ihrem Bett. Maria lächelt ihr zu. „Hier", sie reicht Elisabeth ein kleines Bündel. „Dein Sohn."
Elisabeth nimmt ihr Baby in den Arm. Es ist ganz in Stoffwindeln eingewickelt. Nur das Gesicht kann Elisabeth sehen. Das Baby hat die Augen fest geschlossen. Es schläft.
„Ruh dich ein bisschen aus", sagt Maria. „Ich gebe Zacharias Bescheid." Elisabeth nickt.

Gut, dass Maria so lange bei Elisabeth geblieben ist! Sie hat ihr sehr geholfen. Elisabeth konnte schon längst kein Wasser mehr vom Brunnen holen. Das war ihr mit dem dicken Bauch viel zu schwer. „Ich mache das für dich", hat Maria gesagt. Auch im Garten und beim Kochen, Backen und Nähen hat Maria die alte Frau unterstützt.
Nun ist das Kind von Elisabeth und Zacharias geboren. Maria war dabei und hat das Baby gleich gewaschen und eingewickelt. Nun muss sie schnell Zacharias erzählen, dass er einen gesunden Sohn bekommen hat und dass es Elisabeth auch gut geht.
Als Zacharias die gute Nachricht hört, läuft er so schnell er kann zu Elisabeth. Wie gern würde er jetzt mit seiner Frau reden! Aber er kann ja nicht sprechen. Seit der Engel Gabriel ihm im Tempel vorausgesagt hat, dass er einen Sohn bekommen wird, ist Zacharias stumm. Er konnte es nicht sofort glauben, was ihm der Engel sagte. Und jetzt hat Zacharias wirklich einen Sohn.
In den nächsten Tagen erhalten Zacharias und Elisabeth viel Besuch. Alle wollen das Baby sehen. „Es ist ein Wunder, dass Elisabeth und Zacharias ein Kind bekommen haben, obwohl sie so alt sind", sagen die Leute. „Das hat Gott ihnen geschenkt! Gott muss Elisabeth und Zacharias sehr lieb haben." Und dann fragen sie Elisabeth: „Wie heißt denn das Baby? Es muss Zacharias heißen, wie sein Vater." Denn dort, wo Elisabeth wohnt, bekommt jeder Junge denselben Namen wie sein Vater. Oder den Namen seines Opas. Oder es heißt wie sein Onkel.
Elisabeth schüttelt den Kopf. „Nein, wir nennen es Johannes."
Die Besucher verstehen das nicht. In Zacharias' Familie gibt es gar keinen Johannes! Bestimmt will Zacharias, dass sein Sohn genauso heißt wie er! Sie wollen ihn fragen, aber Zacharias kann ja nicht sprechen. Jemand holt eine Tafel und gibt sie Zacharias. Der denkt: „Als mir der Engel im Tempel verkündete, dass wir ein Kind bekommen, hat er gesagt: Das Kind soll Johannes heißen." Also schreibt Zacharias auf die Tafel: „Mein Sohn heißt Johannes." Auf einmal merkt Zacharias, dass er wieder sprechen kann! Sofort dankt er Gott und erzählt allen, was Gott Besonderes vorhat.
Der Name Johannes bedeutet: Gott ist gnädig. Das weiß Zacharias. Er ist ganz begeistert davon! Seinen Nachbarn, Verwandten und Freunden, die zu Besuch gekommen sind, erklärt

er: „Gott ist so wunderbar! Er hat schon vor langer Zeit angekündigt, dass er uns einen Retter schicken will. Jetzt ist es bald so weit! Dann müssen wir keine Angst mehr haben. Wir dürfen für immer zu Gott gehören. Gott will unser Freund sein! Er hat uns wirklich lieb."
Die Menschen staunen.
Zacharias schaut seinen Sohn an. „Johannes", sagt er, „wenn du groß bist, wirst du diesen Retter ankündigen. Du wirst die Menschen darauf vorbereiten, dass Gott seinen Retter schickt."

Maria lächelt. Denn sie weiß: Dieser Retter, von dem Zacharias spricht, ist Jesus. Das Baby, das in ihrem Bauch wächst! Auch ihr Bauch ist schon ein wenig gewachsen. Nicht viel. Nur so wenig, dass es niemand außer Maria merkt.
Maria verabschiedet sich von Elisabeth und Zacharias. Sie muss wieder zurück nach Hause. Ob Josef gleich sehen wird, dass sie schwanger ist? Was wird er sagen? Maria weiß es nicht. Aber sie ist sicher: Gott wird für sie und ihr Baby sorgen.

Wachstafel

In Kürze

Maria bleibt bei Elisabeth und Zacharias, bis das Kind der alten Leute geboren wird. Die Besucher, die das Neugeborene sehen wollen, fragen: „Wie heißt denn das Kind? Es muss Zacharias heißen, wie sein Vater." Denn dort, wo Elisabeth wohnt, bekommt jedes Kind denselben Namen wie sein Vater oder ein anderer Verwandter. Zacharias schreibt auf eine Tafel: „Mein Sohn heißt Johannes." Er kann ja nicht sprechen. Seit der Engel Gabriel ihm im Tempel vorausgesagt hat, dass er einen Sohn bekommt, ist Zacharias stumm. Der Engel hatte ihm auch aufgetragen, das Baby Johannes zu nennen – obwohl es keinen Johannes in der Familie gibt.

Plötzlich merkt Zacharias, dass er wieder reden kann! Sofort dankt er Gott und erzählt allen, was Gott Besonderes vorhat: „Wenn Johannes groß ist, wird er den Retter ankündigen, den Gott versprochen hat."

Lukas 1,57–79

Die **Geburt** eines Kindes war normalerweise reine Frauensache. Dabei leisteten Verwandte, Nachbarinnen und Hebammen der Schwangeren Gesellschaft, um ihr zu helfen. So kannten sich die jüdischen Frauen gut damit aus, wie man sich um neugeborene Kinder und deren Mütter kümmert. Den Männern wurde das Baby erst gezeigt, wenn es bereits gewaschen und gewickelt war.

7

Josef

Josef sitzt traurig vor seiner Hütte. Maria, die er so sehr liebt, ist schwanger! Als sie heute von ihrem Besuch bei Elisabeth zurückkehrte, ist es Josef sofort aufgefallen. Ihr Bauch ist dicker als sonst. So, wie er es schon oft bei Frauen gesehen hat, die ein Kind bekommen werden. Und als Maria dachte, Josef sei mit seiner Arbeit beschäftigt und bemerke sie nicht, hat sie sich heimlich über den Bauch gestrichen. So, wie Frauen es machen, wenn sie gern das Baby in ihrem Bauch streicheln würden. Da war Josef sicher: Maria ist schwanger. Aber Josef ist nicht der Vater ihres Kindes.

Sie hat ihm noch nicht einmal davon erzählt. „Maria liebt einen anderen Mann", denkt Josef. „Dabei hat sie mir doch versprochen, dass wir heiraten! Wir sind verlobt. Sie hat gesagt, dass sie mich liebt." Josef versteht das alles nicht. Hat Maria ihn etwa angelogen? „Bestimmt will Maria viel lieber den Vater des Babys heiraten, das sie bald bekommt", denkt er.

Josef dreht ein Stück Holz in seinen Händen hin und her. Eigentlich wollte er daraus eine Truhe für Maria bauen. Dort hinein könnte sie ihre Kleider und ihren Schmuck legen. Eine besonders schöne Kiste sollte es werden. Josef kennt sich damit aus. Er ist nämlich Zimmermann. Jeden Tag arbeitet er mit Holz, baut Möbel und Wagen und verkauft sie. Auch mit Steinen kann Josef gut umgehen. Gestern erst hat er ein Haus fertiggebaut. Wieder betrachtet er das Stück Holz in seinen Händen. „Maria möchte sicher nicht, dass ich ihr eine Truhe schenke", denkt Josef. Wie soll es jetzt weitergehen? Dort, wo Josef wohnt, gibt es ein Gesetz: Wenn eine verlobte Frau ein Kind von einem anderen Mann bekommt, wird sie hart bestraft. Josef weiß das. Aber er möchte nicht, dass Maria ein Leid zugefügt wird. Er hat sie doch so lieb! „Die Richter dürfen nicht erfahren, dass Maria ein Kind von einem anderen Mann bekommt", überlegt Josef. „Morgen sage ich ihr, dass ich sie verlasse. Dann kann sie den Mann heiraten. Den Vater ihres Babys. Dann wird Maria verschont." Eine Träne schleicht sich über Josefs Wange. Er schließt die Augen und lehnt sich an seine Hütte. Das Nachdenken hat ihn müde gemacht. So schläft Josef ein.

Josef schläft unruhig. Er träumt. Mitten im Traum steht plötzlich ein Engel vor ihm. Er bringt Josef eine Botschaft von Gott: „Du brauchst Maria nicht zu verlassen", sagt er. „Maria soll in deine Hütte ziehen. Gott selbst ist der Vater ihres Babys. Es soll Jesus heißen. Jesus wird den Menschen zeigen, wie sie mit Gott befreundet sein können." Dann verschwindet der Engel.

Als Josef aufwacht, ist er noch ganz durcheinander. Was war das für ein Traum? Er reibt sich die Augen und wiederholt die Worte, die er gerade gehört hat: „Du brauchst Maria nicht zu

verlassen ..." Auf einmal ist Josef sicher: Es war wirklich ein Engel, ein Bote Gottes, der ihm im Traum erschienen ist!

„Dann muss ich tun, was Gott mir aufträgt", ruft Josef und springt auf. Maria hat ihn also nicht angelogen, als sie sagte, dass sie ihn liebt! Sie möchte keinen anderen Mann heiraten als Josef. Sie bekommt ein Baby von Gott, und er, Josef, darf mit Maria für das Kind sorgen. Darüber ist Josef froh. Gleich morgen will er die Truhe für Maria bauen. „Aber jetzt gehe ich zuerst zu Maria und hole sie ab, damit sie bei mir wohnen kann!"

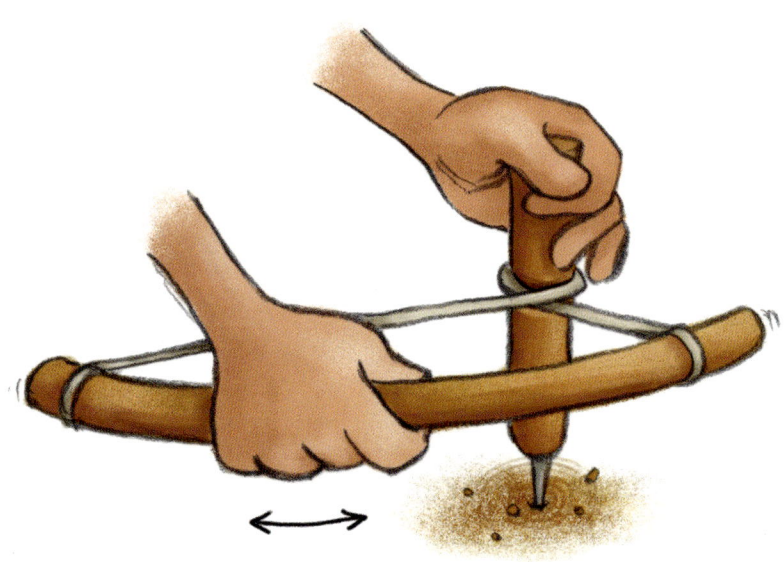

Bohrer

In Kürze

Josef ist traurig. Seine Verlobte Maria ist schwanger! Aber Josef ist nicht der Vater ihres Babys. „Maria liebt einen anderen Mann", befürchtet Josef. Dort, wo Josef wohnt, gibt es ein Gesetz: Wenn eine verlobte Frau ein Kind von einem anderen Mann bekommt, wird sie hart bestraft. Josef möchte nicht, dass Maria etwas zustößt. Er nimmt sich vor: „Morgen sage ich ihr, dass ich sie verlasse. Dann kann sie den Vater ihres Babys heiraten und wird verschont."

Im Traum erklärt ein Engel ihm, dass er Maria nicht zu verlassen braucht: „Maria soll in deine Hütte ziehen. Gott selbst ist der Vater ihres Babys. Es soll Jesus heißen. Jesus wird den Menschen zeigen, wie sie mit Gott befreundet sein können." Als Josef aufwacht, ist er froh. Sofort holt er Maria ab, damit sie bei ihm wohnen kann.

Matthäus 1,18–24

Nach den Gesetzen in Israel musste Ehebruch mit dem Tod bestraft werden. Das galt auch für verlobte Frauen (5. Mose 22,22-24). Bei der Verlobung wurde ein Vertrag geschlossen, in dem die Heirat der Verlobten festgelegt wurde. Das Mindeste, das einer untreuen Verlobten bevorstand, war die öffentliche Bloßstellung. Diese Schande und die drohende Strafe wollte Josef von Maria abwenden. Dazu hätte er sie heimlich, also ohne öffentliche Erklärung oder Gerichtsverhandlung, aus dem **Verlobungsvertrag** entlassen.

8

König David

Nachdem der Engel mit Josef gesprochen hatte, lief Josef gleich zu Maria. Seitdem wohnt Maria bei Josef. Sie sind jetzt verheiratet.

Maria hat ihrem Mann davon erzählt, wie der Engel Gabriel mit ihr gesprochen hatte. Auch von ihrem Besuch bei Elisabeth hat sie ihm berichtet.

„Stell dir vor", sagt Maria, „Elisabeth wusste, dass das Baby in meinem Bauch der Retter ist, den Gott den Menschen versprochen hat. Dabei habe ich es niemandem verraten! Und Zacharias erklärte, dass sein Kind Johannes die Menschen auf Jesus, den Retter, vorbereiten wird."

Da schildert Josef ihr auch seinen Traum: „Ich war so traurig, weil ich dachte, dass du mich nicht mehr lieb hast! Ich war mir sicher, dass du lieber einen anderen Mann heiraten würdest. Als ich darüber nachdachte, bin ich eingeschlafen. Und stell dir vor, im Traum erschien mir ein Engel!" Josef ist immer noch ganz aufgeregt, wenn er sich daran erinnert. „Der Engel versicherte mir, dass Gott der Vater deines Babys ist. Er sagte, dass Gott möchte, dass wir beide heiraten." Jetzt strahlt Josef über das ganze Gesicht. Das Baby, das Maria erwartet, hat Josef wie sein eigenes Kind angenommen. Er wird wie ein richtiger Vater für das Kind sorgen. Josefs Papa wird für Jesus der Opa sein und Josefs Opa der Uropa von Jesus.

„Ein Retter und ein König ist Jesus", überlegt Maria. So hat der Engel es ihr gesagt. „Er rettet uns davor, für immer ohne Gott leben zu müssen." Retten kann man nur etwas, das verloren geht. „Die Menschen gehen Gott verloren", denkt Maria. „Wir tun so viel Böses, dass wir eigentlich nicht Gottes Freunde sein können. Jesus wird uns zeigen, wie wir Gott nicht verloren gehen." Dann erinnert sich Maria daran, was ihr der Engel Gabriel noch erzählt hat: Jesus wird für immer König sein.

Josefs Ur-Ur-Ur-Opa war auch König. Er hieß David und lebte viele Jahre zuvor. David war ein sehr mächtiger König. Er wusste: Dass es ihm so gut geht, ist ein Geschenk von Gott. Er beschützte David, gab ihm kluge Ideen und versorgte ihn. David kannte Gott gut. Er wollte tun, was Gott ihm sagte. Er war auch schon Gottes Freund, bevor er König wurde.

Eines Tages sagte Gott zu David: „Ich verspreche dir: Einer deiner Ur-Ur-Ur-Enkel wird für immer König sein!" Das war für David sehr wichtig. Er war glücklich und schrieb auf, was Gott ihm versprochen hatte. Auch die Bewohner von Israel freuten sich über diese Zusage. Immer wieder erinnerten sie sich daran: Einer von Davids Ur-Ur-Ur-Enkeln wird für immer König sein. Manchmal erinnerte Gott selbst die Leute daran, dass er sein Versprechen einlösen würde. Schon lange warten die Menschen in Israel auf diesen besonderen König. Sie sagen: „Dieser

König wird uns helfen. Er tut uns Gutes. Er rettet uns." Aber keiner weiß, wann der König geboren wird.

Nur Maria und Josef, Elisabeth und Zacharias wissen: Dieser König ist Jesus! Er ist ein Ur-Ur-Ur-Enkel von König David. Und er regiert für immer. So, wie Gott es versprochen hat.

In Kürze

Maria und Josef sind jetzt verheiratet. Das Kind, das Maria erwartet, hat Josef wie sein eigenes Kind angenommen. Er weiß, dass Gott der Vater des Babys ist. Aber Josef wird wie ein richtiger Vater für das Kind sorgen. Darum ist Josefs Ur-Ur-Opa für Jesus der Ur-Ur-Ur-Opa. Das ist wichtig, denn einer von Josefs Vorfahren ist König David. Ihm versprach Gott: „Einer deiner Ur-Ur-Ur-Enkel wird für immer König sein!" Seitdem warten die Menschen in Israel auf den besonderen König. Keiner weiß, wann er geboren wird. Nur Maria und Josef, Elisabeth und Zacharias verstehen: Dieser König ist Jesus!
Und nicht nur das. Zacharias nannte Jesus einen Retter: Er rettet die Menschen davor, für immer ohne Gott leben zu müssen.

2. Samuel 7,8.16; Jeremia 33,14–17

In Israel war es sehr wichtig, genau aufzuschreiben, wer mit wem verwandt war. Darum findet man in der Bibel immer wieder Listen (z.B. Matthäus 1,1-17), die die Abstammungsverhältnisse darstellen. Diese Geschlechtsregister waren u.a. notwendig, um die Zugehörigkeit zum Volk Israel zu belegen. Als z.B. Teile des Volkes aus dem Exil nach Juda zurückkehrten, durfte ohne einen solchen Nachweis das Priesteramt nicht ausgeübt werden (Nehemia 7,61-65). Man kann daher davon ausgehen, dass die **Ahnenlisten** in der Bibel verlässlich sind.

9

Propheten

Ein echter König war er, der Ur-Ur-Ur-Opa von Josef und Jesus. Aber warum wohnt Josef nur in einer ärmlichen Hütte? Josef ist zwar ein Königs-Ur-Enkel, aber er besitzt keinen Palast. Er ist auch nicht reicher als seine Nachbarn.

Weil König David lange vor Maria und Josef gelebt hat, ist in der Zwischenzeit natürlich eine Menge passiert. Längst herrscht ein anderer Mann in Israel. Er heißt Herodes. Der ist kein Ur-Enkel von David. Die Leute mögen ihn nicht, denn er ist kein guter König. Er kümmert sich nur um sich selbst. Doch für die Menschen in seinem Land sorgt er nicht. Er verlangt sehr viel Geld von ihnen, damit er sich das allerbeste Essen, die schönsten Häuser und die teuerste Kleidung leisten kann. Herodes hat große Angst davor, dass ihm jemand seine wertvollen Sachen wegnehmen könnte. Er denkt: „Ich will mein Leben lang König bleiben! Niemand darf mich daran hindern!" Deshalb handelt er oft ungerecht. Sobald er befürchtet, dass ihm jemand etwas antun möchte, wirft er ihn sofort ins Gefängnis. So bestraft Herodes viele Unschuldige. Das ganze Land ist voller Soldaten, die den Willen des bösen Königs durchsetzen.

Die Menschen in Israel sind unglücklich. Sie wünschen sich einen anderen Herrscher. Aber laut aussprechen dürfen sie das nicht. Wer nämlich dabei von den Soldaten erwischt wird, den verhaften sie. Immer wieder lesen die Menschen in Israel in ihrer Bibel, dass Gott ihnen einen besonderen König versprochen hat. Das hatte David ja aufgeschrieben.

Auch Maria und Josef kennen sich gut in der Bibel aus. Die folgende Geschichte von Jesaja, dem Propheten, haben sie schon oft gehört: Jesaja lebte viele Jahre später als David. Gott hat oft mit Jesaja geredet. Er hat ihm erklärt, was er von den Menschen möchte. Und er hat ihn gewarnt, bevor schlimme Sachen passierten.

Alles, was Gott zu Jesaja sagte, musste Jesaja den Menschen ausrichten. Deshalb war er ein Prophet – jemand, der den Leuten Botschaften von Gott bringt. Was Jesaja von Gott hörte, wurde aufgeschrieben. Maria, Josef und wir heute können das in der Bibel nachlesen.

Die Bibel, aus der Maria und Josef im Gottesdienst vorgelesen bekommen, sieht übrigens ganz anders aus als unsere Bücher. Das Papier, das sie benutzen, ist sehr breit. An den beiden kurzen Seiten sind Stäbe befestigt, um die das Papier gedreht wird. So entsteht eine Buchrolle, die zum Lesen ausgewickelt wird.

Manchmal hat Gott den Propheten Dinge gesagt, die erst viel später passiert sind. Er hat ihnen auch von dem besonderen König erzählt, den er David versprochen hat. „Dieser König wird mir gerne gehorchen. Er wird den Armen helfen und allen Menschen Frieden bringen", erklärte Gott Jesaja.

Ein anderer Prophet hieß Micha. Ihm hat Gott etwas ganz Wichtiges verraten: „Der König, den ich David versprochen habe, kommt aus Bethlehem." Das hat Micha aufgeschrieben. Als Josef davon hört, wundert er sich. Bethlehem ist ein kleiner Ort in den Bergen in der Nähe von Elisabeth und Zacharias. Josef und Maria wohnen aber weit weg, in Nazareth. „Wie kann das sein?", fragt er Maria. „Was meint Gott damit, dass der besondere König aus Bethlehem kommt?"

Maria überlegt. „Das Baby in meinem Bauch, Jesus, ist doch der König, den Gott versprochen hat. Wir wohnen in Nazareth."

„Dann kommt Jesus auch aus Nazareth", unterbricht Josef sie.

„Aber Gott hat dem Propheten Micha gesagt, dass der König aus Bethlehem kommt", stellt Maria fest.

Josef lächelt. „Jetzt bin ich aber gespannt, was Gott noch mit uns vorhat. Bis jetzt ist immer eingetroffen, was Gott den Propheten angekündigt hat. Also wird Gott es irgendwie veranlassen, dass Jesus aus Bethlehem kommt."

„Dann werden alle Menschen erkennen, dass Jesus der besondere König ist", freut sich Maria.

In Kürze

Weil König David lange vor Maria und Josef gelebt hat, ist in der Zwischenzeit eine Menge passiert. Josef ist zwar ein Königs-Ur-Enkel, aber wie alle seine Nachbarn wohnt er in einer kleinen Hütte. Längst ist ein anderer Mann König: Herodes. Der ist kein Ur-Enkel von David.

Maria und Josef haben die Geschichten der Propheten schon oft gehört. Was Gott den Propheten auftrug, haben sie den Menschen ausgerichtet und aufgeschrieben. Maria, Josef und wir heute können das in der Bibel nachlesen.

Manchmal hat Gott den Propheten Dinge gesagt, die erst viel später passiert sind. Er hat ihnen auch von dem besonderen König erzählt, den er David versprochen hat. Und dass der in Bethlehem geboren wird. Als Josef davon in seiner Bibel liest, wundert er sich: „Wir wohnen doch in Nazareth. Wie wird Gott es wohl hinkriegen, dass Jesus, der versprochene König, aus Bethlehem kommt?"

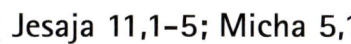

Jesaja 11,1–5; Micha 5,1

Isai war der Vater König Davids. Seine Familie war vor langer Zeit wie ein großer Baum mit vielen Ästen: Isai hatte acht Söhne, viele Enkel und Urenkel ... Wenn Jesaja vom „Stumpf Isais" spricht, zeigt das, dass von der Familie nicht viele übrig geblieben sind. Schon gar keine Könige. So, wie ein Baumstumpf auch nur ein kleiner Rest von einem ehemals großen Baum ist. Doch Gott sagt durch Jesaja: Aus diesem unköniglichen Rest wird wie „ein neuer Trieb" ein Hoffnungsträger hervorgehen!

10

Die Volkszählung

Viele Wochen sind vergangen, seit der Engel Gabriel mit Maria gesprochen hat. Maria wohnt schon eine ganze Weile bei Josef. Längst wissen alle Nachbarn, dass Maria und Josef ein Kind bekommen. Das sieht man sofort, denn Marias Bauch ist ganz schön dick geworden.

Maria geht jetzt nicht mehr so oft zum Markt, denn das Baby in ihrem Bauch ist schwer. Lieber arbeitet sie im Schatten ihrer Hütte. Gerade webt sie ein Stück Stoff. Ganz dünner Stoff soll es werden. Ein Tuch, um Jesus einzuwickeln, wenn er geboren wird. Wie eine Decke oder eine Windel. Babys mögen es, wenn man sie ganz eng einwickelt, das weiß Maria.

Auf einmal ruft Josef nach ihr: „Maria, hast du das schon gehört?" Er ist ganz außer Atem. Er hat sich beeilt, um schnell vom Markt nach Hause zu kommen. Jetzt setzt er sich neben Maria und legt den Arm um sie. Dann erzählt er ihr die Neuigkeit: „Der Kaiser, der oberste König in Rom, will wissen, wie viel Geld die Menschen in seinem Reich haben."

„Wir haben zwar nicht viel, aber genug zum Leben", unterbricht Maria ihn.

„Ja", fährt Josef fort, „aber der Kaiser will es ganz genau aufschreiben. Jeder soll in den Ort reisen, wo seine Eltern geboren sind."

„Deine Eltern sind in Bethlehem geboren", ergänzt Maria.

„Genau. In Bethlehem müssen wir uns in die Liste des Kaisers eintragen lassen. Dann können wir wieder nach Hause zurückkehren." Josef streichelt Marias Bauch und schweigt.

Auch Maria ist nachdenklich geworden. Schon der Gang zum Markt ist anstrengend für sie. Wie soll sie es dann nur bis nach Bethlehem schaffen? Normalerweise läuft man fünf Tage von Nazareth bis Bethlehem. Aber Maria kann nicht mehr so schnell gehen. Sie nimmt Josefs Hand. „Bereite alles vor", sagt sie. „Ich will noch das Tuch zu Ende weben. Morgen können wir aufbrechen."

Ganz früh am nächsten Tag stehen Maria und Josef auf. Solange es noch kühl ist, kommen sie besser voran als später, wenn die Sonne hoch am Himmel steht. Josef trägt einen Beutel mit Brot, Wasser und einer Schüssel. Auch das Tuch für das Baby hat er eingepackt. „Vielleicht wird das Baby geboren, bevor wir wieder zu Hause sind", sagt Maria zu ihm. Da fällt Josef wieder ein, was der Prophet Micha in der Bibel aufgeschrieben hat: „Der König, den Gott David versprochen hat, wird in Bethlehem geboren." Nun reisen sie also nach Bethlehem, weil der Kaiser es befohlen hat.

Maria muss sich unterwegs oft ausruhen. Viele Menschen ziehen an ihnen vorüber. Alle müssen in eine andere Stadt, um sich in die Listen des Kaisers eintragen zu lassen. Das ist ein Gedränge! Abends suchen Maria und Josef einen Ort, wo sie schlafen können. Ein Gasthaus zum Beispiel oder eine Höhle in den Bergen. Am nächsten Morgen gehen sie weiter.

Nach mehreren Tagen kommen sie endlich in Bethlehem an. Auch hier ist alles voller Menschen. Von den Soldaten des Kaisers lassen sie sich in die Listen eintragen.

„Geschafft", stellt Josef fest und lächelt Maria zu. „Jetzt brauchen wir nur noch einen Platz zum Schlafen." Er nimmt Maria an der Hand und geht los. Auf einmal stöhnt Maria auf.

„Was ist mit dir?", fragt Josef besorgt.

Maria atmet tief ein. „Mein Bauch hat plötzlich wehgetan", antwortet sie. „Aber jetzt ist alles wieder in Ordnung."

Josef streicht behutsam über Marias Bauch. „Das Baby ..."

„Ja", sagt Maria, „jetzt wird das Baby bald geboren. Bei Elisabeth war das auch so", erzählt sie. „Als Elisabeth der Bauch wehtat, dauerte es nicht mehr lange, bis Johannes geboren war."

Josef runzelt die Stirn. „Dann müssen wir jetzt unbedingt eine Unterkunft finden", brummt er. „Damit Jesus nicht auf der Straße zur Welt kommt."

Gemeinsam zwängen sich Maria und Josef zwischen den Menschen durch. „Da vorne ist ein Gasthaus", ruft Josef. „Vielleicht können wir dort schlafen." Aber als Josef den Gastwirt nach einem Schlafplatz fragt, schüttelt der den Kopf.

„Es ist alles voll", erklärt der Wirt. „So viele Menschen müssen nach Bethlehem reisen, weil der Kaiser es befohlen hat. Bei mir ist nichts mehr frei."

Auch die anderen Häuser in Bethlehem sind überfüllt. Nirgends ist noch Platz für Maria und Josef. Marias Bauch tut wieder weh. Josef legt den Arm um seine Frau. Als sie weitergehen, stützt sie sich auf ihn. Inzwischen liegt die Stadt schon hinter ihnen, da stehen sie plötzlich vor einem Stall.

„Der Stall ist leer", stellt Josef fest und hilft Maria hinein. „Hier können wir heute Nacht bleiben."

In Kürze

Als der Kaiser anordnet, dass alle Menschen in den Ort reisen sollen, aus dem ihre Eltern stammen, machen sich Maria und Josef auf den Weg nach Bethlehem. Dort müssen sie sich in die Liste des Kaisers eintragen lassen.

Maria und Josef gehen zu Fuß. Nach einer Woche sind sie endlich angekommen. Plötzlich merkt Maria, dass ihr Baby bald geboren wird! Aber weil so viele Leute einen Schlafplatz in Bethlehem suchen, ist alles überfüllt. Schließlich finden sie einen leeren Stall, in dem sie über Nacht bleiben können.

Lukas 2,1–6

Zu der Zeit, als Jesus geboren wurde, herrschte Kaiser Augustus über **das Römische Reich**. Deshalb mussten die Menschen in Israel und vielen anderen Ländern Steuern an den Kaiser zahlen und römische Gesetze befolgen. Dabei wurden sie von römischen Soldaten überwacht. Eine zeitlang erlaubte Kaiser Augustus den einheimischen Fürsten und Königen zu regieren – z.B. Herodes dem Großen.

51

Der Stall

Josef und Maria sind nicht die ersten Wanderer, die in einem Stall übernachten. Bevor Josefs Ur-Ur-Ur-Großvater David König wurde, wohnte er mit seinen Geschwistern und seinen Eltern in Bethlehem. Damit sie genug zu essen und anzuziehen hatten, mussten alle mithelfen. Auch die Kinder! Deshalb passte David auf die Schafe auf, die seinem Vater gehörten. Aus der Wolle der Schafe konnte man Kleidung herstellen. Die Milch, die die Schafe gaben, wurde zu Käse verarbeitet. In der Nähe von Bethlehem zog David mit den Tieren immer dahin, wo es Gras, Sträucher und Wasser gab. Dort wurde die Herde satt.

Bethlehem liegt in den Bergen. Oft musste David lange wandern, bergauf und bergab mit den Schafen über Steine klettern, bis er genug zum Fressen für sie fand. Ebene Wiesen oder Weiden gab es dort nämlich nicht. Nachts suchte David einen Platz, wo das Vieh sicher war und wo er schlafen konnte. Manchmal brachte er die Schafe in eine Hürde. Das ist ein Platz, der von einer Mauer umgeben ist. Wenn David die Tiere da hineinließ, konnten ihnen Löwen und Bären nichts anhaben.

An einem anderen Abend fand David einen Stall. Das war ein Loch im Felsen. Eine Höhle. Dort trieb er die Schafe hinein. An der Wand gab es eine Futterkrippe. Sie war wie eine Schale in den Felsen gehauen. Es lag sogar noch ein wenig Heu darin. David war also nicht der erste Hirte hier! Vielleicht hatte letzte Nacht ein anderer Hirte mit seiner Herde hier geschlafen. David gab noch mehr Heu in die Krippe, damit die Schafe daraus fressen konnten. Dann entfachte er ein Feuer am Eingang der Höhle. Hierher würde sich kein wildes Tier verirren!

Wenn sich doch mal ein hungriger Löwe oder Bär in seine Nähe wagte, musste David ihn verjagen. Das war gar nicht so einfach, denn die Raubtiere waren viel größer und stärker als er! Aber David war schlauer. Er betete zu Gott: „Bitte hilf mir, die Schafe zu beschützen! Pass du auf mich auf." Dann packte er sich einen Knüppel und schlug damit nach dem Löwen. Niemand sollte auch nur eines seiner Schafe fressen! Wenn David einen Bären schon von Weitem sah, nahm er seine Schleuder. Er legte einen Stein hinein, zielte – und warf ihn dem Bären an den Kopf. Dann lief der Bär weg. Oder er fiel tot um. Bei allem, was David tat, behütete Gott ihn. Genau so, wie David über seine Schafe wachte.

Als David König wurde, benutzten andere Hirten die Höhle als Stall. Auch als David längst nicht mehr lebte, gab es immer noch Hirten in Bethlehem. Manchmal trieben sie ihre Tiere in die Hürden. An anderen Abenden gingen sie in den Stall. Sie gaben Futter in die Krippe, machten ein Feuer und ruhten sich aus. Am nächsten Morgen zogen sie weiter.

Doch eines Abends, viele, viele Jahre nach Davids Tod, geschieht etwas ganz Besonderes in diesem Stall. In der Höhle. Davids Ur-Ur-Ur-Enkel Josef und seine Frau Maria suchen einen Platz für die Nacht. Sie sind müde von der langen Wanderung und Marias Bauch tut weh. Bestimmt bekommt sie bald ihr Baby! Der einzige sichere Ort, den sie finden, ist dieser Stall.
Josef stellt seine Tasche ab. Er hilft Maria, sich hinzusetzen. Dann zündet er am Eingang der Höhle ein Feuer an.

In Kürze

Der Stall, in dem Maria und Josef die Nacht verbringen, ist schon sehr alt. Er ist nämlich eine Höhle! Bevor Josefs Ur-Ur-Ur-Großvater David König wurde, musste er auf die Schafe seiner Familie aufpassen. Tagsüber zog er umher, um Futter für die Tiere zu finden. Nachts suchte er einen sicheren Platz für sich und die Schafe, wo sie vor Löwen oder Bären sicher waren. Er trieb die Herde in eine Höhle im Felsen und entfachte ein Feuer am Eingang. An der Wand gab es eine Futterkrippe, die wie eine Schale in den Felsen gehauen war. Dort gab er Heu für die Schafe hinein. Am nächsten Morgen zog er weiter. Nach ihm nutzten noch viele andere Hirten die Höhle als Unterkunft für die Nacht.

1. Samuel 17,34–35

Holzstall, Wohnhaus oder Felshöhle? Die Wissenschaftler sind sich nicht ganz einig. Klar ist, dass Jesus nicht in einem Holzstall, wie wir ihn kennen, zur Welt kam. Neben den beschriebenen Hürden wurden in Israel oft Höhlen dazu genutzt, Vieh einzupferchen. Im Bibeltext ist bei der Geburt Jesu nur von einer „Futterkrippe" die Rede. Diese könnte sich in einer Höhle befunden haben. Allerdings gab es auch in vielen Wohnhäusern Krippen, weil einzelne Tiere im Haus gehalten wurden. Der Stallbereich war nur durch eine Treppe vom Wohnraum getrennt.

12

Jesus

Josef schaut sich in dem Stall um. An der Wand sieht er eine Futterkrippe, die in den Felsen gehauen ist. Die letzten Hirten, die hier waren, haben Stroh hineingegeben. Ansonsten ist die Höhle leer. Nur er und Maria sind hier.

Draußen wird es jetzt dunkel. Die ersten Sterne funkeln am Himmel. Wie gut, dass sie das Feuer haben! Es wärmt so schön.

Auf einmal steht Maria auf. Sie lehnt sich an die Höhlenwand. „Josef!", ruft sie, „das Baby kommt gleich!"

Josef ist ganz aufgeregt. Er war noch nie bei einer Geburt dabei. Was soll er bloß machen? Wären sie zu Hause in Nazareth, würde er eine Freundin rufen, um Maria zu helfen. So, wie Maria bei Elisabeth war und ihr während der Geburt beigestanden hat.

„Nimm die Schüssel aus unserem Beutel", bittet Maria ihren Mann. Gut, dass sie weiß, was zu tun ist. Josef gießt Wasser in die Schüssel und wärmt das Wasser über dem Feuer. Er erledigt alles genau so, wie Maria es ihm aufträgt. Auch, als wenig später das Baby geboren wird. Josef ist stolz, dass er Maria unterstützen kann.

Endlich hält Josef das Kind in den Armen. Vorsichtig wäscht er es mit dem warmen Wasser ab. Er schaut es sich genau an. Die Fingerchen und Füßchen sind so winzig klein! Sogar Fingernägel kann Josef erkennen. Er staunt, wie toll Gott diesen kleinen Jungen gemacht hat. Die dunklen Haare sind noch ganz dünn und die Haut ist ein wenig schrumpelig, so wie bei allen Neugeborenen. Josef hat sein Kind sofort lieb.

„Jesus", sagt er.

„Ja", antwortet Maria, „sein Name ist Jesus."

Maria ist ganz erschöpft. Die Geburt war sehr anstrengend für sie. Jetzt sitzt sie an die Höhlenwand gelehnt in der Nähe des Feuers. Josef gibt ihr das Baby. Dann reicht er ihr das Tuch, das Maria zu Hause in Nazareth gewebt hat. Maria lächelt. Sie wickelt Jesus in das Tuch ein und drückt ihn an sich. „Jesus", sagt Maria, „das bedeutet: Gott rettet." Sie betrachtet das Kind. Es ist in ihren Armen eingeschlafen. „Wie ein Retter siehst du noch gar nicht aus", flüstert Maria ihm zu.

„Und wie ein Königspalast wirkt dieser Stall auch nicht", meint Josef. Er setzt sich neben Maria. „Trotzdem ist es wahr: Jesus ist ein Retter und ein König. Wie es der Engel erklärt hat."

„Und wie Gott es durch die Propheten angekündigt hat", antwortet Maria. „Der Prophet Micha hat sogar vorausgesagt, dass Jesus in Bethlehem geboren wird."

Josef nickt. „Das ist heute geschehen." Dann steht er auf. Jesus schläft immer noch. „Wir

sollten jetzt auch schlafen", sagt er. Er nimmt Jesus in den Arm und gibt ihm einen Kuss. „Wir haben zwar kein Bett für dich", flüstert er, „aber du kannst die Futterkrippe nehmen." Er rückt das Stroh in der Krippe ein wenig zurecht und legt Jesus hinein. „Hier kannst du nicht herausfallen und es ist auch nicht so kalt wie auf dem Boden."

Dann legt sich Josef zu Maria neben das Feuer.

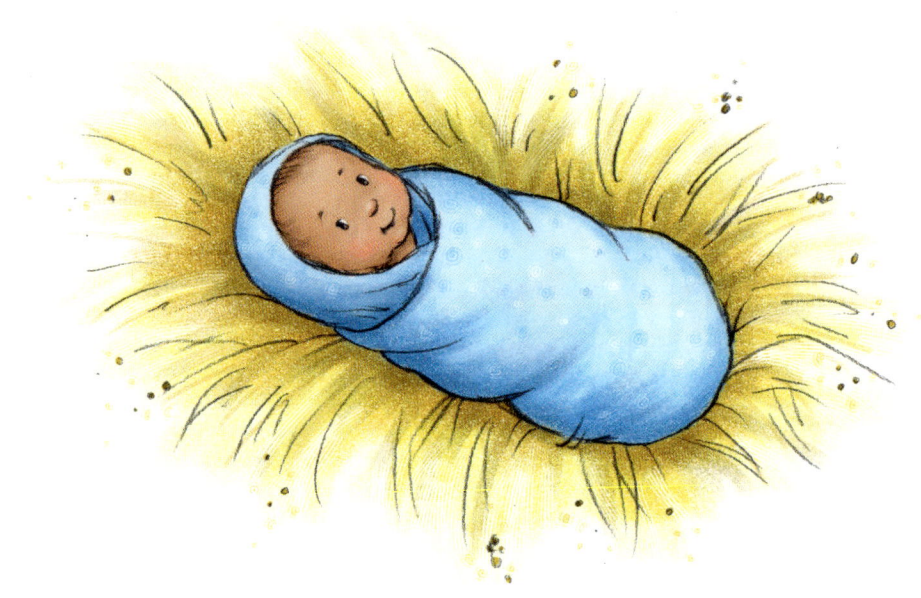

So kannst du deine Puppe wie Jesus in ein Tuch wickeln:

In Kürze

Als Maria und Josef im Stall angekommen sind, wird ihr Baby Jesus geboren. Sie waschen es und wickeln es in ein Windeltuch ein. Weil sie kein Bett haben, legen sie Jesus auf etwas Stroh in die Futterkrippe. So liegt er etwas wärmer als auf dem Boden.

Lukas 2,7

Jesus wurde nach jüdischer Tradition in **Windeln** gewickelt. Dazu wurde ein quadratisches Tuch so um das Kind geschlungen und befestigt, dass die ausgestreckten Beinchen und die an den Rumpf gelegten Ärmchen möglichst gerade waren. Mit der Anwendung dieses Brauchs erkannte Josef Jesus formal als sein eigenes Kind an. Uneheliche Kinder wurden nicht gewaschen und gewickelt.

13

Drei Hirten

Jonathan lässt den Kopf hängen. Langsam trottet er zurück zu seinen Brüdern. Unter dem Arm trägt er ein Brot, das er gerade auf dem Markt gekauft hat. Da war vielleicht etwas los in Bethlehem! Jonathans ältester Bruder, Samuel, hat ihm erklärt, warum die Stadt voller war als sonst: Der Kaiser hatte angeordnet, dass alle Menschen sich in seine Listen eintragen lassen. Dazu sollte jeder in den Ort gehen, an dem seine Eltern geboren waren. Auf dem Markt gab es deshalb ein großes Gedränge. Manche verlangten nach Verpflegung, weil sie aus Bethlehem in eine andere Stadt reisen wollten. Andere waren von weit her nach Bethlehem gekommen und brauchten nun ein Abendessen. Oder ein Bett für die Nacht.

„Wie gut, dass wir wissen, wo wir schlafen können", denkt Jonathan.

Er betrachtet das Brot, während er die Stadt verlässt. Heute Abend wird es für ihn und seine Brüder Samuel und Ben frisches Brot geben. Trotzdem kann sich Jonathan nicht so richtig freuen. Er tritt einen Stein zur Seite. „Es ist immer dasselbe", denkt er. „Sobald ich in eine Stadt komme, drehen sich die Leute nach mir um. Und dann wechseln sie die Straßenseite. Sie wollen nicht in meiner Nähe sein." Und wenn doch mal jemand dicht neben ihm stehen muss – so wie heute auf dem Markt, als es so voll war … Jonathan schluckt, als er daran denkt.

„Wer stinkt denn hier so?", flüsterten sich die Frauen zu. Dann zeigte jemand mit dem Finger auf Jonathan. Die Kinder kicherten.

Die Verkäufer riefen sich zu: „Passt auf, dass der Junge euch nicht beklaut! Stehlen kann der bestimmt gut."

Ein Mann sagte: „Geh wieder dahin, wo du herkommst! Du gehörst hier nicht hin."

Und warum? „Weil ich nach Schafen und Ziegen rieche", denkt Jonathan. Das ist halt so, wenn man Hirte ist. „Aber es stimmt nicht, dass alle Hirten Räuber und Betrüger sind", brummt er wütend vor sich hin.

Jetzt hat Jonathan das Feld erreicht, auf dem seine Brüder mit dem Vieh auf ihn warten. Inzwischen haben Ben und Samuel die Schafe und Ziegen in eine Hürde getrieben. Hinter der Mauer aus Steinen sind sie geschützt. Auch ein Feuer haben sie angezündet. Das spendet Wärme und hält wilde Tiere fern.

Jonathan reicht Samuel das Brot. Samuel nimmt seinen Bruder in den Arm. Er weiß, dass Jonathan ungern in die Stadt geht. „Stell dir vor", tröstet er ihn, „wenn es uns nicht gäbe, könnten die feinen duftenden Leute keine Ziegenmilch trinken …"

„… und keine Kleider aus Schafswolle tragen", fährt Ben fort.

Jonathan nickt. „Leider benehmen sie sich aber so, als wüssten sie das nicht."

„Jetzt lasst uns essen", wechselt Samuel das Thema. „Wir haben noch Ziegenkäse, der schmeckt bestimmt fantastisch auf diesem frischen Brot."

Jonathan läuft das Wasser im Mund zusammen. „Ich spieße mir mein Stück Brot auf den Hirtenstab, dann kann ich es über dem Feuer rösten", denkt er.

Die Brüder setzen sich um das Feuer. Ben hat die Schafe und Ziegen in der Hürde im Blick. Samuel sitzt so, dass er über das weite Feld blicken kann. Wenn sich ein Wolf oder ein Bär nähert, entdeckt Samuel ihn schnell. Dann greifen die Brüder nach ihren Stöcken. Sollte sich das Tier nicht durch das Feuer abhalten lassen, müssen die Hirten es vertreiben. Denn es ist ihre Aufgabe, die Herde ihrer Familie zu bewachen.

Ben, Samuel und Jonathan kennen alle ihre Schafe und Ziegen beim Namen. Sie haben die Tiere lieb. Und sie wissen, wie wichtig diese Herde für ihre Familie ist. Milch und Fleisch liefern die Schafe und Ziegen. Sogar Käse, Kleidung und Flaschen können die Eltern der drei Jungen mit ihrer Hilfe herstellen.

Ben und Samuel legen ihre Stöcke dicht neben sich. Samuel grinst, als er Jonathan ein Stück Brot reicht. „Na, Kleiner, hast du deine Steinschleuder wieder bei dir?", neckt er ihn.

Jonathan ist der Jüngste unter den Geschwistern. „Wie soll ich denn einen Bären mit einem Ast verjagen?", hat er einmal gefragt.

Daraufhin erzählte ihm Ben die Geschichte von König David.

David war auch der Jüngste. Als er noch ein Hirte war und auf die Herde seiner Familie aufpasste, vertrieb er wilde Tiere, die seine Schafe fressen wollten. „Mit Gottes Hilfe, mit dem Knüppel und mit seiner Steinschleuder", erklärte Ben seinem Bruder. Seitdem trägt Jonathan immer eine Steinschleuder bei sich. Mit ihr kann er auch aus weiter Entfernung einen Bären oder Wolf verjagen. Er übt viel mit seiner Schleuder.

„Eines Tages möchte ich so gut werden wie König David", meint er.

Ben und Samuel lachen. Es ist ein freundliches Lachen, in dem sich Jonathan geborgen fühlt. Hier bei seinen Brüdern auf dem Feld ist er zu Hause. Und Gott passt auf sie auf. Wie schon damals auf David.

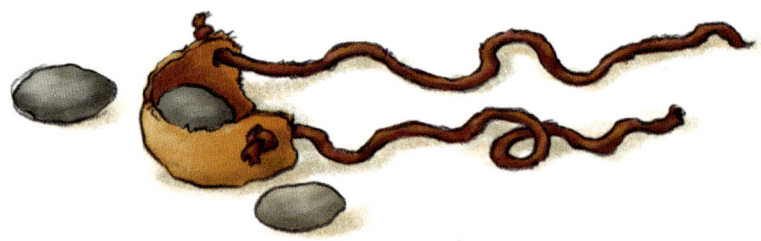

Steinschleuder

In Kürze

Auf einem Feld in der Nähe von Bethlehem lagern Hirten mit ihren Schafen und Ziegen. Gegen Abend treiben sie das Vieh in eine Hürde. Dort, hinter den Mauern, sind die Tiere vor Löwen und Bären sicher. Sollte sich ihnen doch einmal ein Raubtier nähern, müssen die Hirten es vertreiben oder töten. So schützen sie die Herde ihrer Familie. Das ist eine wichtige Aufgabe.

Die Hirten Jonathan, Samuel und Ben sind traurig darüber, dass sie trotzdem niemand leiden kann.

Lukas 2,8

Während man Ziegen- und Schafsmilch pur genießen oder zur Herstellung von Käse verwenden konnte, wurden aus **Ziegenhaar und Schafsfell** u.a. Zeltdecken oder Stoffe und Pelze für Bekleidung hergestellt. Aus der bearbeiteten Haut der Ziegen und Schafe fertigte man besondere Schläuche an, die als Trinkgefäß benutzt wurden. Solche Trinkschläuche eigneten sich besonders gut zum Transport auf Reisen. Übrigens waren gerade die Schafsherden oft riesig und konnten mehrere Tausend Tiere umfassen.

14

Die Engel

In Bethlehem hat sich alles beruhigt. Es ist Nacht geworden. Draußen ist es kalt. Josef und Maria haben sich im Stall hingelegt. Sie schlafen dicht am Feuer, denn auch in der Höhle ist es kühl. Jesus schläft in der Futterkrippe. Maria hat ihn eng in das Windeltuch eingewickelt, sodass nur das Gesicht herausguckt. Das mögen kleine Babys ganz besonders. Josef hat ihm den Futtertrog im Felsen so mit Heu und Stroh ausgepolstert, dass er nicht friert.

Am Himmel funkeln die Sterne. Die Hirten Samuel, Ben und Jonathan rücken dichter an das Feuer. Brot und Käse haben sie aufgegessen. Ben sieht hinüber zu den Schafen und Ziegen in der Hürde. Samuel blickt über das weite Feld. Jonathan hat sich hingelegt und döst ein wenig. Es ist still und dunkel. Nur das Feuer knistert und erhellt den Lagerplatz der Hirten. Alles ist so wie immer. Die Brüder ahnen nicht, dass dies die aufregendste Nacht ihres Lebens werden soll!

Im Himmel bereiten sich die Engel auf einen großen Auftrag vor. Noch wissen nur Josef und Maria, dass Jesus geboren ist. Jesus, der Retter und der König! Der Sohn Gottes, der allen Menschen Gutes tut. Jesus, der die Menschen davor rettet, für immer ohne Gott leben zu müssen. Der jedem helfen möchte, mit Gott Freundschaft zu schließen.
Bei den Engeln im Himmel herrscht Feierstimmung. Sie freuen sich so sehr, dass Jesus geboren ist! Jetzt können endlich alle Menschen Gottes Freunde werden! Aber die Menschen wissen noch nichts davon. Wer könnte ihnen denn davon erzählen? Maria und Josef schlafen. Und wenn sie aufwachen – würde ihnen überhaupt jemand die merkwürdige Geschichte glauben? Nein, so eine Nachricht muss von himmlischen Boten überbracht werden. Von den Engeln. Gott selbst gibt ihnen den Auftrag dazu.
Zuerst geht nur ein einziger Engel auf die Erde. Er nimmt Licht aus dem Himmel mit. Dann stellt er sich direkt neben die drei Hirten.

Ben und Samuel erschrecken. Jonathan wacht auf. Es ist auf einmal so hell um sie herum! Das kommt nicht von ihrem kleinen Feuer. Die Brüder fürchten sich. Da steht jemand zwischen ihnen! Dabei haben sie so gut Wache gehalten und niemanden kommen gesehen.
Ben, Samuel und Jonathan fürchten sich sehr. Gegen einen Löwen, einen Bären oder einen Wolf könnten sie sich verteidigen. Aber was ist das hier? Warum ist es so hell? Und wer ist dieser Mann?
Da sagt der Engel zu ihnen: „Habt keine Angst!"
Als er zu sprechen beginnt, beruhigen sich die Hirten. Sie begreifen, dass ein Bote Gottes

neben ihnen steht. Das, was er ihnen mitteilt, macht sie glücklich: „Der Retter, den Gott schon König David versprochen hat, ist heute geboren! Alle Menschen können nun Gottes Freunde werden!" Dann erklärt der Engel den staunenden Hirten, dass sie den Sohn Gottes besuchen können: In einem Stall am Rand von Bethlehem. „Wenn ihr ein winziges Baby findet, das in ein Windeltuch eingewickelt ist und in einer Futterkrippe liegt, dann seid ihr angekommen."

Die drei Hirten sehen sich an. Samuel will etwas sagen, doch dann hält er die Luft an. Ben und Jonathan reißen die Augen auf.

Dort, wo eben nur ein einziger Engel stand, befinden sich auf einmal unendlich viele Engel! Neben ihnen, vor ihnen – überall stehen Engel! Das ganze Feld ist erhellt, denn die Engel haben Licht von Gott mitgebracht. Sie kommen direkt von ihrer Feier im Himmel. Jetzt teilen sie ihre Freude mit den Hirten. Sie rufen: „Gott ist so wunderbar! Gott ist so groß! Er schließt Frieden mit den Menschen, die seine Freunde sein möchten!" Danach verschwinden die Engel so plötzlich, wie sie gekommen sind. Auf dem Feld ist es wieder dunkel und still. Nur das Feuer knistert und gibt ein wenig Licht.

In Kürze

Es ist Nacht. Samuel, Ben und Jonathan bewachen ihre Tiere. Plötzlich steht ein Engel bei ihnen und erzählt ihnen von Jesus: „Der Retter, den Gott schon König David versprochen hat, ist heute geboren! Alle Menschen können nun Gottes Freunde werden!" Der Engel erklärt den Hirten auch, wie sie das Baby finden können. Dann stehen auf einmal unendlich viele Engel auf dem Feld, die von Gottes Größe singen.

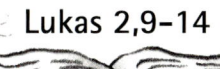

Lukas 2,9–14

Engel sind himmlische Wesen, Geschöpfe und Diener Gottes. Sie begegnen den Menschen in der Bibel als Boten Gottes in Menschengestalt, entweder persönlich oder in Träumen. Durch Taten und Worte machen sie ihnen den Willen Gottes verständlich.

Samuel, Ben und Jonathan sehen sich erstaunt an. Jonathan zeigt auf die Stelle, wo eben noch der Engel zwischen ihnen stand. „Wo ... wo ... wo ...", stottert er.

Ben schaut sich um. Gerade noch war das ganze Feld hier voller Engel und hell erleuchtet. Jetzt ist niemand mehr da – außer seinen beiden Brüdern und den Tieren in der Hürde. „Ob die Schafe und Ziegen wohl auch die Engel sehen und hören konnten?", denkt Ben.

Samuel findet als Erster seine Sprache wieder. „Wir müssen uns ansehen, wovon der Engel eben berichtet hat", fordert er die anderen auf. „Der Retter der Welt, Gottes Sohn, ist heute geboren. Ich möchte ihn unbedingt besuchen. Wenn Gott sogar seine Engel zu uns schickt, damit wir davon erfahren ..."

„Ein Baby in einem Futtertrog", murmelt Jonathan. „Das ist doch wirklich merkwürdig. Wieso hat Gottes Sohn noch nicht mal ein Bettchen? Selbst unsere allerärmsten Nachbarn haben für ihre Babys ein Bett." Dann stimmt er Samuel zu: „Wir sollten nach dem Kind suchen. Vielleicht erfahren wir dann auch, warum es in einer Futterkrippe liegen muss."

„Bethlehem ist nicht weit von hier", meint Ben. Er nickt seinen Brüdern zu. „Ich glaube, ich weiß, welchen Stall der Engel meinte. Kommt!"

Die drei Hirten laufen los. Ihre Tiere lassen sie in der Hürde. Das Feuerholz glüht noch. Hinter der Steinmauer ist die Herde ziemlich sicher.

„Gott hat David immer beschützt", denkt Jonathan, „er wird auch heute Nacht auf unsere Schafe und Ziegen aufpassen."

Mitten in Jonathans Gedanken spricht Ben: „Ich frage mich, warum die Engel ausgerechnet uns Hirten erschienen sind. ‚Gott ist so wunderbar und so groß!', haben sie gerufen. Und sie haben ja recht. Es würde doch viel besser passen, wenn die vornehmen, wohlriechenden Leute aus Bethlehem Gottes Sohn begrüßten. Aber die Engel haben uns eingeladen, wo uns doch sonst keiner leiden kann."

Da ruft Samuel plötzlich: „Seht mal, da vorne! Das muss der Stall sein! Seht ihr das Feuer?"

Die drei Brüder beginnen zu rennen. Bald können sie den Eingang der Höhle ausmachen. Das Feuer, das Josef angezündet hat, brennt noch. Als Josef hört, wie sich die Hirten dem Stall nähern, steht er auf. Er tritt vor die Höhle. Samuel, Ben und Jonathan sind ganz außer Atem.

„Wer seid ihr?", fragt Josef leise.

„Ich bin Samuel", flüstert der älteste Hirte, „und das sind meine Brüder Ben und Jonathan. Wir sind Hirten und lagern mit unseren Tieren dort hinten." Samuel zeigt in die Richtung, aus der sie gekommen sind.

„Ist es wahr, dass hier ein Baby in einem Futtertrog liegt?", unterbricht Jonathan seinen Bruder. Vor Aufregung hat er lauter gesprochen, als er eigentlich wollte.

„Pssst!", macht Ben und zeigt in die Höhle. Auf etwas Stroh in der Nähe des Feuers liegt eine Frau und schläft.

„Das ist meine Frau Maria", erklärt Josef den Brüdern. „Mein Name ist übrigens Josef. Woher wisst ihr von unserem Baby?"

„Ein Engel hat es uns angekündigt", berichtet Ben. „Der Engel erzählte uns vorhin, dass heute der Retter geboren sei, den Gott schon König David versprochen hat."

Die Männer sprechen sehr leise, um Maria nicht zu wecken. Trotzdem hat sie den letzten Satz gehört. Maria setzt sich auf und lehnt sich an die Felswand. „Kommt doch herein", bittet sie die Besucher. Noch einmal erzählen die Hirten, wie ihnen die Engel auf dem Feld begegnet sind.

„Es stimmt", bestätigt Maria ihnen, „heute ist Gottes Sohn geboren. Es ist Jesus. Hier liegt er." Maria deutet auf die Krippe.

Als sie näher kommen, erkennen die Hirten das winzige Baby. Es ist in ein Windeltuch eingewickelt und liegt zwischen Heu und Stroh in der Futterkrippe. „Wie es der Engel vorausgesagt hat", staunt Ben.

Die Brüder sind ganz überwältigt. Das hier ist der Sohn Gottes, der mächtigste König der Welt! Große Freude und ein unbeschreiblicher Friede erfüllt die Herzen der drei Männer. Sie können nicht einfach stehen bleiben. Einer nach dem anderen kniet sich vor dem Baby hin. Damit zeigen sie: Jesus ist der stärkste König. Er ist wunderbar.

In Kürze

Als die Engel verschwunden sind, brechen Samuel, Ben und Jonathan auf. Sie wollen das Kind besuchen, von dem der Engel ihnen erzählt hat. Ihre Schafe lassen sie in der Hürde zurück. Bald finden sie den Stall, in dem Jesus geboren wurde. Josef wundert sich: Woher wissen die Hirten von Jesus? Ben berichtet, wie ihnen die Engel begegnet sind. Und dann sehen die Brüder Jesus in der Futterkrippe liegen. Plötzlich sind sie ganz sicher, dass er der Sohn Gottes ist! Sie knien sich vor dem Baby hin. Damit zeigen sie: Jesus ist der stärkste König. Er ist wunderbar.

Lukas 2,15–16

Der **Kniefall** brachte in vielen Kulturen eine besondere Form der Verehrung oder Anbetung zum Ausdruck. Vor einem König niederzuknien bedeutete, ihn als Herrscher anzuerkennen. Den Kniefall zu verweigern bedeutete, seine Herrschaft abzulehnen, und war eine schwere Beleidigung.

16

Ein Zimmer in Bethlehem

Eine Weile bleiben Jonathan, Ben und Samuel noch bei Jesus im Stall. Maria hat sich wieder nah am Feuer hingelegt. Josef bringt ihr Wasser zum Trinken.

Samuel verneigt sich vor den beiden. „Wir müssen wieder zurück zu unserer Herde", verabschiedet er sich. „Gott segne euch!"

„Durch Jesus seid ihr gesegnet", antwortet Maria. „Er wird dafür sorgen, dass in unserem und in eurem Leben Gutes geschieht."

„Seid gesegnet", sagt auch Ben und verlässt die Höhle.

Jonathan druckst herum. Als Maria ihm direkt in die Augen sieht, traut er sich, seine Frage zu stellen. Seit der Engel zu ihm gesprochen hat, möchte Jonathan eins wissen: „Warum habt ihr eigentlich kein Bettchen für euer Baby? Warum muss Jesus in diesem harten Futtertrog liegen?" Maria seufzt. Wie gerne hätte sie ihr Baby in eine Wiege gebettet!

Josef erklärt: „Wir sind heute erst aus Nazareth hierher nach Bethlehem gekommen. Die Stadt war so voll mit Menschen. Es gab kein freies Zimmer für uns."

„Wie gut, dass Gott euch zu diesem Stall geführt hat", meint Jonathan. „So seid ihr sicher und habt ein Dach über dem Kopf." Dann verabschiedet auch er sich. Er wirft noch einen letzten Blick auf Jesus. Ein ganz normales Baby in einer Futterkrippe, die nach Schafen riecht ... das ist der Sohn Gottes, der größte König. Jesus, der alle Menschen einladen wird, Gottes Freunde zu werden.

Staunend lassen die Hirten den Stall hinter sich. Leise erst, damit Josef und Maria ein wenig schlafen können. Als sie außer Hörweite sind, fängt Ben auf einmal an zu singen. Samuel und Jonathan stimmen ein. Sie kennen die Lieder aus ihrem Gottesdienst. „Gott ist so groß! Wir sind so froh, dass Gott uns liebt! Gott kann alles!" Den ganzen Weg bis zur Hürde, wo sie ihre Schafe und Ziegen zurückgelassen haben, singen und beten die Hirten. Als sie feststellen, dass ihrer Herde nichts passiert ist, danken sie Gott noch einmal. Er hat auf ihre Tiere aufgepasst, damit die drei Brüder Jesus besuchen konnten.

Am nächsten Morgen packt Josef alles zusammen, was er und Maria mitgebracht haben. Maria gibt Jesus zu trinken. Nach ein paar Schlucken schläft er tief. Sie streichelt sein Gesicht. Jesus hat die Augen ganz fest geschlossen. Josef nimmt ihn in seine Arme. Dann verlässt die junge Familie den Stall.

„Sicher sind heute einige Zimmer wieder frei", ermutigt Josef seine Frau. „Viele Menschen sind von weit her gekommen, weil der Kaiser es befohlen hat. Nun möchten sie schnell wieder nach Hause. Bestimmt finden wir jetzt eine Unterkunft."

Josef hat recht: Schon im dritten Haus, an dem er klopft, gibt es ein kleines Zimmer, in dem sie erst einmal bleiben dürfen. Natürlich würden sie auch gerne zurück nach Nazareth ziehen. Nach Hause. Aber das geht noch nicht. Die Geburt war für Maria so anstrengend, dass sie sich für ein paar Wochen ausruhen muss. Die lange Wanderung nach Nazareth würde sie gar nicht schaffen.

Einen ganzen Monat wohnen Josef, Maria und Jesus schon in Bethlehem. Nachts legen sie Jesus zum Schlafen in eine Hängematte, die an einem Balken ihres Zimmers befestigt ist. So, wie es alle Eltern in Israel mit ihren Babys tun. „Das gefällt mir viel besser als der harte Futtertrog im Stall", lacht Josef und schaukelt Jesus sanft hin und her.
Auch Maria ist erleichtert. „Ja", erwidert sie, „wir sind zwar nicht zu Hause, aber hier haben wir wenigstens ein ganz normales Zimmer mit einem ganz normalen Bett für unser Kind."
So gut sie kann, hilft Maria der Familie, die ihnen das Zimmer vermietet, bei der Hausarbeit. Dabei hat sie ihr Baby fest in Tücher eingewickelt und wie einen Rucksack auf ihrem Rücken festgebunden. So ist Jesus immer ganz nah bei seiner Mama. Wenn er schreit, stillt sie ihn oder wechselt ihm die Windel. Josef arbeitet bei einem Zimmermann in Bethlehem. Von dem Geld, das er dort verdient, bezahlt er das Zimmer und kauft Essen für sich und Maria.
Eines Tages sagt Josef zu seiner Frau: „Übermorgen müssen wir in den Tempel gehen."
„Du meinst, weil Jesus dann vierzig Tage alt ist?"
„Ja", bestätigt Josef, „und weil er unser erstes Kind ist."
„Und weil er ein Junge ist", fügt Maria hinzu.
„So steht es im Gesetz", weiß Josef.
„Außerdem muss ich das Opfer bringen, das nach einer Geburt vorgeschrieben ist", ergänzt Maria.

In Kürze

Maria und Josef wollen nicht länger im Stall bleiben. Nach Nazareth können sie noch nicht zurückkehren. Maria ist von der Geburt sehr erschöpft und könnte jetzt gar nicht so weit laufen. Also nimmt Josef Jesus auf den Arm und geht mit Maria nach Bethlehem hinein. Viele Menschen brauchten nur am vorigen Abend ein Bett zum Übernachten. Jetzt sind sie wieder abgereist. Daher findet die kleine Familie nun ein Zimmer, wo sie eine Weile bleiben kann. Nach ein paar Wochen ist es Zeit, in den Tempel zu gehen, wie es das Gesetz in Israel vorschreibt.

Lukas 2,22–24

Vor langer Zeit hatte Gott seinem Volk erklärt: „Jeder Junge, der als erster Sohn einer Familie geboren wird, gehört mir." Dann führte Gott den **Loskauf** ein: Wenn das Kind einen Monat alt war, hatten die Eltern fünf Silberstücke zu bezahlen (4. Mose 18,16). Damit kauften sie ihren Sohn symbolisch frei. Wie auch viele andere Bräuche diente diese Handlung zur Erinnerung, dass Gott sein Volk gerettet hatte und die Menschen sein Eigentum sind (2. Mose 13,14-15). So wird deutlich: Jedes Leben ist ein Geschenk von Gott.

17

Simeon

Der Tempel ist nicht allzu weit von Bethlehem entfernt. Nach ein paar Stunden Fußmarsch kommen Maria und Josef mit Jesus dort an. Dem Priester, den sie im Tempel antreffen, geben sie fünf Silberstücke. Dann kaufen sie zwei Tauben, die sie Gott schenken wollen. Denn in Israel gibt es ein Gesetz: Alle Eltern, deren erstes Kind ein Junge ist, müssen mit dem Baby in den Tempel gehen und dem Priester fünf Silberstücke geben. Das erinnert sie daran, dass das Kind ein wertvolles Geschenk von Gott ist. Außerdem soll jede Frau, die ein Kind bekommen hat, nach der Geburt zwei Tauben als Opfer bringen.

Viele Leute reisen aus dem ganzen Land Israel nach Jerusalem. Im Tempel wollen sie mit Gott sprechen. Sie sind sicher, dass Gott ihnen dort zuhört. Wenn sie sich mit Gott wieder versöhnen möchten, weil sie etwas Schlechtes getan haben, schenken sie Gott im Tempel eine Taube. Viele Menschen in Israel können nicht lesen und haben keine eigene Bibel. Dann lesen ihnen Priester wie Zacharias aus der Bibel vor. Darin steht, was Gott möchte, und dass er jeden Menschen liebt. „Gott will dein Freund sein", erklären die Priester.

Nicht weit vom Tempel in Jerusalem lebt ein Mann, der sich gut in der Bibel auskennt. Er heißt Simeon. Simeon ist eng mit Gott befreundet. Er denkt viel darüber nach, was Gott möchte. Simeon weiß, dass Gott nur gute Ideen hat. „Wenn alle Menschen tun würden, was Gott will", meint Simeon, „dann würde es uns viel besser gehen." Und weil er Gott so lieb hat, macht es ihm Freude, auf Gott zu hören. Wenn Simeon in der Bibel liest, dass man den Armen helfen soll, tut er das. Er teilt sein Geld mit denen, die nicht so viel haben wie er.

Schon oft hat Simeon in der Bibel von König David gelesen. Davon, dass Gott David versprochen hatte: „Einer deiner Ur-Ur-Ur-Enkel wird für immer König sein!" Simeon wünscht sich so sehr, dass Gott diesen König bald nach Israel schickt. „So viele Menschen verstehen nicht, wie sie Gottes Freunde sein können", seufzt Simeon. „Manche glauben gar nicht, dass Gott sie lieb hat. Dieser König", davon ist Simeon überzeugt, „dieser besondere König, der von Gott kommt, wird uns helfen. Er tut uns Gutes. Er rettet uns." Darüber denkt Simeon oft nach. Er redet viel mit Gott. „Bitte, Gott, schick diesen König bald zu uns", betet er. „Ich würde ihn so gern kennenlernen!" Das ist schon so lange Simeons größter Wunsch.

Einmal sagte Gott zu Simeon: „Ich verspreche dir: Du wirst meinen König noch sehen, bevor du stirbst." Simeon freute sich riesig. Trotzdem musste er noch sehr lange warten. Er wurde älter und immer älter, ohne den König jemals gesehen zu haben.

Plötzlich spricht Gott wieder mit Simeon: „Simeon! Geh in den Tempel!"

Weil Simeon immer genau das tut, was Gott von ihm möchte, macht er sich sofort auf den Weg. Was Gott wohl im Tempel mit ihm vorhat?

Als Simeon im Tempel ankommt, sieht er sich um. Er war schon oft hier. Alles ist wie immer. Manche Menschen beten, andere kaufen Tauben, um sie Gott zu schenken. Auf einmal fällt sein Blick auf ein junges Ehepaar mit einem Säugling. Das ist eigentlich nichts Ungewöhnliches im Tempel. Aber mit diesen Leuten, die Simeon heute sieht, ist irgendetwas anders. Er schaut Maria, Josef und Jesus lange an. Da sagt Gott zu ihm: „Das ist der König, auf den du wartest!" Simeon könnte platzen vor Freude. Hier ist Gottes König! Der die Menschen retten wird! Auf den er, Simeon, so lange gewartet hat!

Simeon geht auf Josef und Maria zu. Behutsam nimmt er das Baby in seine Arme. Die Eltern wundern sich erst, aber sie spüren: Dieser Mann hat eine Botschaft von Gott. Es ist in Ordnung, wenn er Jesus auf den Arm nimmt. Einem anderen hätten sie ihr Baby nicht einfach so gegeben. Und da sprudelt es aus Simeon heraus: „Herr, mein Gott, ich bin überglücklich! Ich bin so alt geworden, aber du hältst dein Versprechen. Heute darf ich endlich den König sehen, den du David angekündigt hast und der uns alles über dich erklärt. Der uns rettet. Der uns zeigt, wie wir deine Freunde sein können."

Maria staunt. Jesus sieht doch aus wie alle anderen Babys! Dass er der besondere König ist, kann Simeon nur wissen, weil Gott es ihm gesagt hat. Der alte Mann legt ihr das Baby wieder in den Arm. „Gott hat Gutes mit euch vor. Er ist immer bei euch. Er liebt euch sehr", sagt Simeon. Zu Maria gewandt, fährt er fort: „Es wird viele Menschen geben, die Jesus nicht zuhören wollen. Aber alle, die ihm glauben, werden sich genauso freuen wie ich."

In Kürze

In der Nähe des Tempels lebt Simeon. Er hat Gott sehr lieb und tut, was Gott ihm sagt. Simeon wünscht sich sehr, den König kennenzulernen, den Gott David versprochen hat. Diesen Wunsch will Gott ihm erfüllen. Als Maria und Josef mit Jesus im Tempel sind, sagt Gott zu Simeon: „Geh in den Tempel!" Dort erkennt Simeon, dass Jesus der mächtige König ist, auf den er schon so lange wartet. Das macht ihn unsagbar glücklich. Er dankt Gott und erklärt Maria und Josef: „Jesus wird allen Menschen zeigen, wie sie Gottes Freunde sein können. Es wird viele geben, die Jesus nicht zuhören wollen. Aber alle, die ihm glauben, werden sich genauso freuen wie ich."

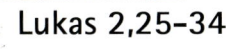

Lukas 2,25–34

Der **Tempel** in Jerusalem war riesengroß. Sein Bau begann unter König Salomo. Herodes der Große ließ den Tempel erneuern und umfangreich ausbauen, um das jüdische Volk zufriedenzustellen. Als Maria und Josef in Jerusalem waren, umfasste das Tempelplateu etwa 140.000 m². Der Tempel selbst war in verschiedene Bereiche unterteilt: „Das Allerheiligste" durfte nur einmal im Jahr vom Obersten Priester aufgesucht werden. „Das Heilige" war den Priestern vorbehalten. Es war umgeben vom „Inneren Vorhof" und dem „Äußeren Vorhof". Es ist bemerkenswert, dass Simeon die kleine Familie auf diesem riesigen Gelände erkannt hat.

18
Hanna

Eigentlich sind Josef und Maria mit Jesus bloß in den Tempel gegangen, weil es das Gesetz in Israel vorsieht. Dass es so ein ungewöhnlicher Tag würde, hätten sie nicht gedacht. Zuerst begegnen sie Simeon. Obwohl er sie gar nicht kennt, freut er sich riesig, sie zu sehen. Genau genommen freut er sich über Jesus. Er ist so glücklich, dass er Gott lobt und so laut betet, dass alle Menschen um ihn herum es hören können. Viele Menschen aus Jerusalem kennen Simeon. Sie wissen, dass er Gottes Freund ist und dass Gott ihm manches Geheimnis anvertraut. Als Simeon davon redet, dass Jesus der König ist, den Gott versprochen hat, wundern sie sich. „Dieses kleine Baby soll uns helfen und uns retten?", fragen sich einige. Andere staunen: „Bestimmt hat Gott ihm diese Einsicht gegeben."

Da kommt Hanna vorbei. Wer oft in den Tempel geht, kennt Hanna, denn sie lebt dort. Manche sagen, Hanna sei ein bisschen komisch. Genau wie Simeon ist Hanna eng mit Gott befreundet. Sie tut immer, was Gott ihr aufträgt. Und Gott erklärt ihr Sachen, die kein Mensch sonst wissen kann. Dinge, die erst später geschehen werden. Weil Hanna so viel von Gott erfährt, kann sie den Leuten, die in den Tempel kommen, helfen. Manchmal hat sie Nachrichten von Gott für andere Menschen. Deshalb nennt man sie „Prophetin". So wie Jesaja und Micha, denen Gott viele Jahre zuvor mitteilte: „Der einzigartige König, den ich euch senden will, wird den Armen helfen. In Bethlehem soll er zur Welt kommen." Wenn Gott so zu einzelnen Menschen spricht, ist das etwas ganz Besonderes. Und weil die Propheten Gott lieb haben und ihm gerne gehorchen, richten sie den Menschen Gottes Botschaften aus. So weiß bald die ganze Stadt: Diese Person ist ein Prophet.

Die Prophetin Hanna ist schon sehr alt. Vor vielen, vielen Jahren hatte sie geheiratet. Aber ihr Mann starb nach kurzer Zeit. Bestimmt war Hanna sehr traurig darüber. Aber dann hat sie sich überlegt: „Ich möchte von nun an im Tempel wohnen. Da kann ich viel besser für Gott arbeiten, als wenn ich eine eigene Hütte hätte. Und ich bin ganz nah bei Gott." Seitdem lebt Hanna im Tempel. Sie betet den ganzen Tag, spricht mit Gott und hört ihm zu.
Als Hanna mitbekommt, was Simeon über Jesus sagt, spürt sie plötzlich, wie sich eine riesige Freude in ihr ausbreitet. Hier ist Gottes besonderer König! Gott hat sein Versprechen gehalten! Durch dieses Kind will er den Menschen helfen! Hanna ist so überwältigt, dass sie wie Simeon anfängt, laut zu rufen: „Gott, ich danke dir! Du bist so gütig!" Dann erklärt sie allen, denen sie begegnet, wer Jesus ist und was Gott mit ihm vorhat.

Josef und Maria schauen sich an. So viele merkwürdige Erlebnisse hatten sie bisher ... so viele Leute, die wussten, wer Jesus ist, ohne dass ein Mensch es ihnen gesagt hätte: Elisabeth rief damals zur Begrüßung: „Das Baby in deinem Bauch ist gesegnet", obwohl man nicht sehen konnte, dass Maria schwanger war; die Hirten knieten vor Jesus nieder, weil Engel ihnen eine Nachricht überbracht hatten; Simeon dankte Gott, dass Jesus der versprochene König sei, sobald er ihn sah ...

Nachdenklich bringen Maria und Josef das vorgeschriebene Opfer, weswegen sie ursprünglich hierher gekommen sind. Dann verlassen sie den Tempel und all die fröhlichen und erstaunten Menschen. Sie haben noch einige Stunden Fußweg vor sich, bis sie wieder in Bethlehem ankommen. Unterwegs reden sie über das, was ihnen bisher geschehen ist. Ob sie wohl noch mehr Aufregendes erleben werden?

In Kürze

Während Maria und Josef mit Simeon sprechen, kommt Hanna vorbei. Sie ist eine Prophetin, die im Tempel wohnt. Oft hilft sie den Menschen und richtet ihnen Botschaften von Gott aus. Als Hanna hört, was Simeon über Jesus sagt, jubelt sie: „Gott hat sein Versprechen gehalten! Er hat seinen besonderen König zu uns Menschen geschickt! Es ist Jesus. Durch ihn will Gott uns helfen!" Das erklärt sie jedem, dem sie begegnet.

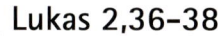

Lukas 2,36–38

Dass Hanna im Tempel wohnen und ihr Leben Gott widmen durfte, war zu dieser Zeit nicht selbstverständlich. Normalerweise mussten sich Ehefrauen und Mütter ausschließlich um die Familie kümmern. Im Tempel durften sie nur in einem von den Männern getrennten Raum beten. Lesen und schreiben zu lernen, war allein den Männern vorbehalten. Hanna war jedoch eine **Witwe**. Und wenn eine Witwe nach dem Tod ihres Mannes nicht wieder heiratete und keine Kinder hatte, durfte sie ihr Leben vollständig in den Dienst Gottes stellen. Weil Gott auch oft zu ihr sprach, war Hanna eine Prophetin.

19
Die Sterndeuter

Weit weg von Israel liegt ein Land, das Babylonien heißt. Die Menschen in Babylonien kennen Gott nicht. Sie machen sich Figuren aus Holz oder Stein und sagen: „Das sind unsere Götter. Wir müssen sie alle anbeten und ihnen Opfer bringen, damit sie uns Gutes tun."

In Babylonien gibt es keine Propheten. Die Babylonier glauben nicht an den Gott, der die Welt erschaffen hat und die Menschen liebt. Darum lebt in ihrem Land auch niemand, der auf Gottes Botschaften hört und sie den anderen ausrichtet. In Israel erzählt Gott den Propheten, was bald passieren wird. So können die Propheten ihr Volk vor einer Hungersnot warnen oder ihnen mitteilen, dass Gott einen besonderen König senden will. So etwas ist in Babylonien nicht möglich. Trotzdem möchte der babylonische Herrscher jetzt schon wissen, was im nächsten Jahr passieren wird! „Unsere Götter sprechen nicht mit uns", überlegen die Babylonier, „aber vielleicht haben sie irgendwo aufgeschrieben, was bald geschehen wird. Vielleicht haben sie es in den Sternen aufgeschrieben."

Deshalb haben sich Samsu, Isin, Abum und Nabonid lange Fernrohre gebaut. Damit können sie die Sterne noch besser beobachten. Jede Nacht sitzen die vier Männer an ihren Fernrohren und blicken in den Himmel. So versuchen sie herauszufinden, was ihre hölzernen und steinernen Götter vorhaben. Wenn sie meinen, etwas entdeckt zu haben, berichten sie ihrem König davon. Dafür bekommen sie Geld.

Die Sterndeuter – so nennt man den Beruf von Samsu, Isin, Abum und Nabonid – kennen sich natürlich besonders gut damit aus, welche Sterne es gibt und wann diese Sterne an welchem Platz leuchten. Eines Nachts schreit Samsu auf: „Da! Schaut mal!"
Seine Kollegen richten ihre Fernrohre auf die Stelle, die der Mann ihnen zeigt.
Plötzlich sieht auch Isin, was Samsu meinte. „Unfassbar!", ruft er.
„Ist das denn möglich?", murmelt nun auch Abum. An einem Ort, wo eigentlich kein Stern stehen sollte, strahlt auf einmal ein besonders heller. Die Männer bekommen eine Gänsehaut. Nach einer Weile sehen sie sich an.
„Das muss eine Botschaft unserer Götter sein", ist sich Nabonid sicher. Die vier Babylonier überlegen gemeinsam, was das heißen könnte. Schnell sind sie sich einig: „Wenn ihr genau hinseht", erklärt Samsu, „erkennt ihr nicht nur einen, sondern zwei Sterne, die sich ganz dicht beieinander befinden. So dicht, dass sie wie ein einziger, sehr heller Stern scheinen!"
Abum nickt. „Einer der beiden zeigt uns die Geburt eines Königs an", weiß er.
„Der andere", ergänzt Nabonid, „steht für das Land Israel."

„Also ist in Israel ein König geboren, der so besonders ist, dass sogar die Sterne ihn ankündigen", fasst Samsu zusammen.

Den Sterndeutern wird es ganz kribbelig im Bauch.

„Ich muss diesen König unbedingt sehen", ruft plötzlich Isin.

„Ja", antworten die anderen wie aus einem Mund.

Gerade machen sie sich auf den Weg, um Proviant und Geschenke einzupacken, als Abum sagt: „Wartet mal." Die anderen drehen sich zu ihm um, während er weiterspricht. „Meint ihr wirklich, wir sollten das machen? Vielleicht freut sich der König in Israel gar nicht über unseren Besuch."

„Weil wir versuchen, Nachrichten unserer Götter in den Sternen zu lesen", ergänzt Nabonid.

„Ja", bestätigt Abum, „ich habe gehört, dass der Gott, den die Menschen in Israel anbeten, ihnen das verboten hat. Sie sagen, dass unsere Götter tot sind und nur ihr Gott lebt. Sie finden es schrecklich, was wir tun. Wollen wir wirklich dorthin gehen?"

Die Männer schweigen eine Weile. Nachdenklich blicken sie zu dem hellen Stern auf, der eigentlich nicht dort stehen dürfte. Schließlich meint Nabonid: „Wir müssen es wagen."

Gemeinsam packen sie nun ein, was sie für die Reise benötigen. Der Weg nach Israel ist sehr weit. Sie brauchen viel zu Essen und Wasser. Außerdem Zelte, in denen sie unterwegs schlafen können, und Geschenke für den König. „Gleich morgen früh kaufen wir Kamele", beschließen sie, „die sollen unser Gepäck tragen. Und wir brauchen nicht zu Fuß zu gehen." Weil Kamele schrecklich teuer sind, müssen sie all ihr Geld dafür zusammenlegen, das sie besitzen.

Endlich kann die Reise beginnen.

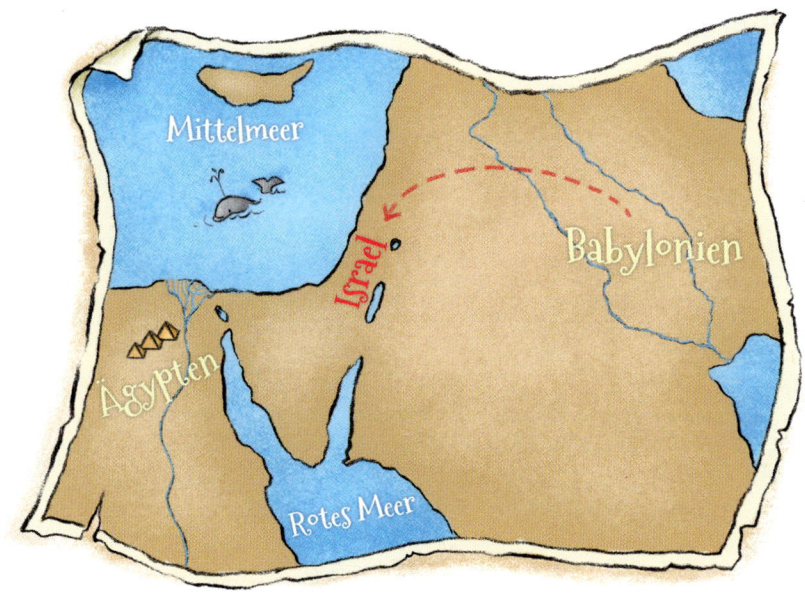

In Kürze

In einem Land weit weg von Israel leben einige Sterndeuter. Die Menschen dort in Babylonien machen sich Figuren aus Holz oder Stein und sagen: „Das sind unsere Götter. Wir müssen sie anbeten und ihnen Opfer bringen, damit sie uns Gutes tun." Wenn sie eine Nachricht von ihren Göttern empfangen wollen, beobachten sie die Sterne. Eines Tages erscheint ein besonderer Stern an einer Stelle, wo es vorher dunkel war. Die Sterndeuter sind sicher: Das bedeutet, dass ein mächtiger König geboren wurde. Den wollen sie kennenlernen! Sie packen Geschenke und Proviant ein und ziehen in die Richtung, aus der der Stern leuchtet.

Matthäus 2,1–2

Der „**Gestirnskult**" zählte zum Götzendienst und war unter den Juden strengstens verboten. In Babylonien hingegen war die Sterndeuterei ein anerkannter Beruf und umfasste sowohl die beobachtende Sternkunde als auch die Wahrsagerei. Der babylonische König aber auch das einfache Volk befragten Sterndeuter regelmäßig. Übrigens gab es auch „Wahrsager", die vorgaben, in den Innereien von Tieren etwas über die Zukunft zu erfahren.

20

Herodes

Viele, viele Tage ziehen Samsu, Isin, Abum und Nabonid in die Richtung, die der Stern ihnen zeigt: nach Israel. Als das Wasser und die Nahrung, die die Sterndeuter den Kamelen aufgeladen haben, fast verbraucht sind, kommen sie endlich in Jerusalem an. Das ist die wichtigste Stadt in Israel. „Dass wir den König hier finden, ist ja klar", denken sie. Also erzählen die Männer überall ihre Geschichte. Dann wollen sie wissen: „Wo finden wir denn nun den neugeborenen König?" Doch niemand kann ihnen weiterhelfen.

Im Königspalast herrscht dicke Luft. König Herodes ist wütend. Er könnte platzen! Was bilden diese verschwitzten Babylonier sich eigentlich ein! Pah, neugeborener König! „Ich bin hier der einzige König", denkt Herodes, „und so bleibt es auch!" Aber das sagt er natürlich nicht laut. „Wenn diese Männer so lange einem Stern nachlaufen, dann ist vielleicht doch etwas Wahres an ihrer Geschichte. Vielleicht ist jemand geboren, der gerne König wäre?" Um das herauszufinden, berät sich Herodes heimlich mit seinen Gelehrten.
„Viele Menschen in Israel warten auf einen besonderen König, den Gott versprochen hat", erklären sie ihm. „In der Bibel steht, dass Gott dem Propheten Micha voraussagte, dass dieser König in Bethlehem geboren wird."
„Ob das wohl der Grund dafür ist, dass die Babylonier den ungewöhnlich hellen Stern sahen?", fragt sich Herodes. „Es kann doch immer nur einen König geben! Und wenn dieser besondere König nun geboren ist, dann will er bestimmt bald im Palast wohnen und ich kann nicht mehr König sein!" Das verärgert Herodes. „Ich will König bleiben! Ich ganz allein!", möchte er schreien. Aber weil die Gelehrten ihn hören würden, hält Herodes lieber den Mund. Er überlegt sich eine List. Bei seinen Beratern bedankt er sich für ihre Hilfe und schickt sie wieder nach Hause.

Dann ruft Herodes die Sterndeuter heimlich zu sich. Er spricht eine Weile mit ihnen über den Stern. Abum berichtet, wann sie ihn zum ersten Mal am Himmel leuchten sahen.
Herodes verrät: „Unsere heilige Schrift, die Bibel, sagt voraus, dass in Bethlehem ein besonderer König geboren werden soll. Dort müsst ihr suchen! Wenn ihr das Königskind gefunden und ihm eure Geschenke gebracht habt, erzählt mir bitte genau, wo ich es finden kann. Denn ich möchte ihm auch so gern meine Geschenke überreichen!" Dass Herodes sie anlügt, merken die Sterndeuter nicht. Er erklärt ihnen noch, wie sie am besten nach Bethlehem kommen. Dann ziehen sie mit ihren Kamelen weiter.

Die Leute auf den Straßen drehen sich nach der merkwürdigen Gesellschaft um. Müde sehen die Männer aus und verschwitzt. So lange sind sie schon gereist, bei jedem Wetter.

Seltsam, dass der neue König nicht im Palast ist! Doch seit Samsu, Isin, Abum und Nabonid hörten, dass ein von Gott versprochener König in Bethlehem geboren würde, sind sie ganz sicher: Diesen langen Weg haben sie nicht umsonst gemacht. Das Kribbeln im Bauch ist wieder da. Sollte es tatsächlich stimmen, dass ihre babylonischen Götter tot sind und nur der Gott Israels lebt? Schließlich hat dieser Gott sogar ganz genau in der Bibel aufschreiben lassen, wo sein besonderer König zur Welt kommt.

Plötzlich bleiben Samsu, Isin, Abum und Nabonid wie auf Kommando stehen. Alle gleichzeitig. Unbemerkt sind sie in Bethlehem angekommen. Und ohne, dass einer von ihnen etwas gesagt hätte, wissen sie: In diesem Haus, das hier vor uns liegt, werden wir den König finden! Das Kribbeln der Aufregung weicht einer großen Freude, die sich in den Männern ausbreitet und sie ganz erfüllt. „So fühlt sich das also an, wenn Gott selbst mir zeigt, wo ich seinen König finde", denkt Nabonid. Gemeinsam binden sie die Kamele an einen Baum. Dann klopft Isin an die Tür des kleinen Hauses.

In Jerusalem aber denkt sich Herodes: „Ha! Wenn die wiederkommen und ich genau weiß, wo ich den Möchtegern-König finde, dann töte ich ihn! Keiner soll es wagen, mir den Palast und die Krone streitig zu machen!"

In Kürze

Als die Sterndeuter in Jerusalem angekommen sind, fragen sie überall nach dem neugeborenen König. Doch keiner kann ihnen weiterhelfen. Als König Herodes von ihrer Suche erfährt, befragt er seine Gelehrten. Sie sagen: „In der Bibel steht, dass Gott einen besonderen König senden will, der in Bethlehem geboren wird." Herodes weiß, dass es nur einen König in seinem Land geben kann. Er allein will König bleiben! So denkt er sich eine List aus: Er erklärt den Sterndeutern, dass der besondere König in Bethlehem lebt. Dann bittet er sie, ihm hinterher genau zu berichten, wo er das Kind finden kann. Dass er es töten will, sagt er niemandem.

Matthäus 2,3–10

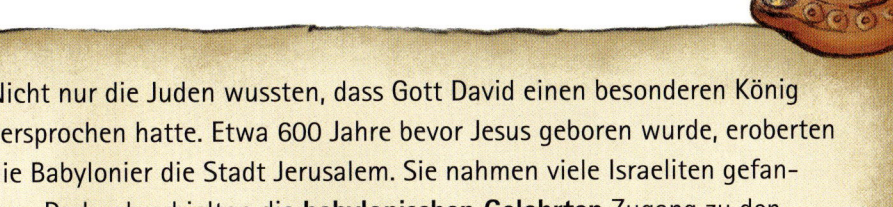

Nicht nur die Juden wussten, dass Gott David einen besonderen König versprochen hatte. Etwa 600 Jahre bevor Jesus geboren wurde, eroberten die Babylonier die Stadt Jerusalem. Sie nahmen viele Israeliten gefangen. Dadurch erhielten die **babylonischen Gelehrten** Zugang zu den Büchern, in denen die Geburt des Retters angekündigt wurde. Man kann also davon ausgehen, dass die Babylonische Oberschicht diese Prophetien kannte, selbst wenn man nicht daran glaubte.

Reich beschenkt

Nachdenklich steht Abum an der Tür des kleinen Hauses in Bethlehem. Wie seine Kollegen Samsu, Isin und Nabonid hat er seine Arbeit als Sterndeuter des babylonischen Herrschers vorerst aufgegeben. Er hätte so viel Geld verdienen können in den letzten Wochen! Aber er wollte unbedingt den besonderen König sehen, den der ungewöhnlich helle Stern ihnen angekündigt hatte. Und jetzt wartet Abum also in dem kleinen Dorf Bethlehem vor der Tür eines noch kleineren Hauses, an die sein Kollege Isin soeben geklopft hat. In seinem Herzen spürt Abum, dass sie hier richtig sind.

Plötzlich öffnet sich die Tür. Abum ist überrascht, als er Maria sieht. Diese Frau ist so jung, gerade erst erwachsen geworden! Aber in ihrem Gesicht kann er lesen, dass sie schon viel Außergewöhnliches erlebt hat. „Sie sieht weise aus", denkt er.

An ihrer Hand hält die Frau einen kleinen Jungen: Jesus. Er kann noch nicht richtig laufen, ist fast noch ein Baby. „Das ist der König", weiß Abum. Sofort geht er auf die Knie und verbeugt sich ganz tief. So macht man das, wenn man einen König trifft. Egal, ob der König ein Jahr alt ist oder fünfzig Jahre. Auch Samsu, Isin und Nabonid knien vor dem Jungen nieder und verbeugen sich.

Da spricht Maria sie an: „Wer seid ihr? Ich habe gerade frische Feigen auf dem Markt gekauft. Kommt doch herein, dann backe ich für uns einen Feigenkuchen."

Gerne nehmen die Sterndeuter die Einladung an. Während Maria den Kuchen zubereitet, erzählen sie von ihrer Heimat in Babylonien und von dem Stern, den sie entdeckt haben. Nabonid berichtet von ihrer langen Reise und von ihrem Besuch bei König Herodes.
„Und als wir vor dieser Tür standen", schließt Isin den Bericht, „da waren wir auf einmal ganz sicher, dass wir hier den König finden würden, den wir so lange gesucht haben."
Abum sieht Jesus an. „Deinetwegen hat Gott also diesen hellen Stern an den Himmel gestellt", murmelt er.

Als Josef nach Hause kommt, wundert er sich über die Kamele neben dem Haus. „Die standen doch heute Morgen noch nicht hier", denkt er. Da bemerkt er auch schon die Gäste. Vier Männer, die aussehen wie Babylonier. Und schmutzig sind sie! So, als wären sie sehr lange unterwegs gewesen. Maria stellt ihm Samsu, Isin, Abum und Nabonid vor. Als sie den Feigenkuchen gegessen haben, bittet Josef die Sterndeuter: „Bleibt doch über Nacht hier bei uns! Wenn wir alle zusammenrücken, ist genug Platz. Und bringt euren Kamelen etwas zu Trinken."
Die vier Männer bedanken sich und tränken die Kamele. Dann laden sie die Geschenke ab, die

sie für den König mitgebracht haben. Samsu und Isin schleppen eine Truhe mit Gold herein. Wie schön das glänzt! Maria und Josef haben noch nie so viel Reichtum gesehen. Was man damit wohl alles kaufen kann? Die Sterndeuter stellen die Truhe vor Jesus ab. Wieder knien sie nieder und verbeugen sich. Diesem besonderen König wollen sie das Wertvollste schenken, das sie besitzen.

Dann tritt Abum vor. Er hat Weihrauch mitgebracht und breitet ihn vor Jesus aus. Weihrauch wird im Tempel benutzt, wenn die Priester für Gott ein Räucheropfer bringen. Dabei werden die Weihrauchstücke verbrannt, sodass es herrlich duftet. Die Menschen in Israel tun das nur für Gott. Maria denkt: „Es sieht aus, als ob Abum mit einem Räucheropfer Jesus ehren möchte. Ob Abum weiß, dass Gott der Vater von Jesus ist?"

Als Isin sich neben Abum vor Jesus kniet, öffnet er einen Beutel mit Myrrhe. Sofort breitet sich der Duft im ganzen Raum aus. Die harzigen Brocken kann man als Opfer für Gott verbrennen. Man kann sie aber auch für Parfüm verwenden. Maria und Josef staunen. Sie haben noch nie Weihrauch oder Myrrhe aus der Nähe gesehen, denn diese Dinge sind viel zu teuer. Abum und Isin haben all ihr Geld ausgegeben, um Jesus solche Geschenke mitzubringen.

Samsu, Isin, Abum und Nabonid reden noch eine Weile mit Maria und Josef. Sie wollen ein paar Tage in Bethlehem bleiben, bevor sie König Herodes von ihrem Besuch bei Jesus berichten. Darum hatte Herodes sie ja gebeten. Dann würden sie wieder nach Babylonien zurückkehren.

Bald legen sich die Männer schlafen, denn sie sind sehr erschöpft von der Reise. Erschöpft, aber so glücklich wie nie zuvor. Endlich haben sie den König gefunden, dessen Stern sie gesehen hatten! Gott selbst hat ihnen seinen König gezeigt! Das ist für die Sterndeuter ein großes Geschenk. Nun besitzen sie zwar keine Schätze mehr, weil sie Jesus alles gegeben haben. Aber sie wissen: Dieser König ist noch wertvoller als alle Schätze der Welt. Wir haben das Richtige getan um Gott Danke zu sagen. Danke dafür, dass er uns zu seinem König geführt hat.

Als sie einschlafen, ahnen sie noch nicht, dass sie viel früher wieder abreisen müssen, als sie geplant hatten ...

Gold

Myrrhe

Weihrauch

In Kürze

In einem kleinen Haus in Bethlehem finden die Sterndeuter Jesus und seine Eltern. Sie wissen sofort: „Das ist der König, dessen Stern wir folgten!" Wie sich das für den Besuch bei einem König gehört, überreichen sie ihre Geschenke – das Wertvollste, das sie besitzen: Gold, Weihrauch und Myrrhe. Ihre Reise hat sich gelohnt, denn seit sie Jesus gesehen haben, sind sie so glücklich wie nie zuvor.

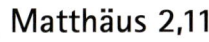

Matthäus 2,11

Das **Räucheropfer** wurde zu Gottes Ehre zweimal täglich auf dem Räucheraltar im Tempel in Jerusalem dargebracht. Allerdings durften nur die Priester dieses Opfer bringen. Das Räucherwerk für andere Zwecke zu verwenden, war streng verboten. Auch bei den heidnischen Babyloniern war es üblich, die höchsten Gottheiten mit Räucheropfern zu ehren.

22

Die Flucht

Es ist Nacht in Bethlehem. Auf den Straßen ist es still und dunkel. Selbst die Kamele schlafen. Nur ein paar Sterne funkeln am Himmel.

Plötzlich schreckt Samsu aus dem Schlaf auf. Auch Isin, Abum und Nabonid fahren im selben Moment hoch. Sie sehen sich an. „War das ein Traum?", fragen Samsu, Isin und Nabonid wie aus einem Mund. Abum reibt sich die Augen und nickt.

Isin findet als erster die passenden Worte. „Gott hat mit mir geredet", flüstert er. Es ist mitten in der Nacht, und neben den Sterndeutern schlafen Josef, Maria und Jesus.

„Mit mir auch", antworten Samsu und Nabonid gleichzeitig. Abum reibt sich wieder die Augen und nickt. Er kann es kaum fassen: Obwohl sie, die Sterndeuter, bisher nicht an Gott geglaubt haben, spricht Gott mit ihnen.

Leise weckt Nabonid Josef. Dann erklärt er ihm: „Gott hat im Traum zu uns gesprochen! Wir müssen zurück nach Babylonien gehen. Gott hat uns verboten, vorher noch König Herodes aufzusuchen."

„Gott sagte, dass wir jetzt sofort aufbrechen sollen", ergänzt Samsu, während Isin und Abum bereits ihre Sachen zusammenpacken. Dann verabschieden sich die Sterndeuter von Josef.

„Vielen Dank, dass wir uns bei euch ausruhen durften", verabschiedet sich Isin, „und grüß Maria von uns."

Die Männer verbeugen sich vor Jesus, der immer noch fest schläft. Danach verlassen sie das Haus und binden die Kamele los. Josef sieht ihnen noch eine Weile nach.

Wie Gott es von ihnen gefordert hat, nehmen die Sterndeuter einen anderen Weg als auf ihrer Hinreise. Sie reiten schweigend hintereinander her. Isin und Nabonid sind zu müde, um sich zu unterhalten. Abum denkt über das nach, was geschehen ist. Und Samsu schämt sich ein bisschen dafür, Sterndeuter zu sein. Er hat schließlich erlebt, dass es nur einen Gott gibt: Gott, der die Welt geschaffen hat und die Menschen liebt. Dieser Gott hat ihm seinen König gezeigt und mit ihm gesprochen.

„Wenn die Götter, die wir in Babylonien angebetet haben, tot sind", überlegt Samsu, „dann brauchen wir auch nicht mehr in den Sternen zu lesen, ob sie uns etwas über die Zukunft verraten."

Inzwischen hat sich Josef wieder neben Maria gelegt. Sie hat von der Abreise der Sterndeuter nichts mitbekommen, weil sie so fest schlief. „Sie wird sich morgen sicher fragen, wo unsere Gäste sind", denkt Josef noch. Dann schläft er wieder ein.

Josef träumt. Aber es ist kein gewöhnlicher Traum. Denn in diesem Traum schickt Gott seinen Engel zu Josef. Er sagt: „Josef, steh sofort auf! Du musst Maria wecken. Dann packt eure Sachen und flieht mit Jesus fort von hier." Bevor Josef sich wundern kann, spricht der Engel weiter: „Herodes will Jesus suchen und ihn töten, damit er nicht König werden kann. Darum müsst ihr euch vor ihm verstecken. Ich sage euch dann Bescheid, wenn die Gefahr vorüber ist." Plötzlich ist Josef hellwach. „Ich muss sofort das tun, was Gott mir gerade durch seinen Engel ausrichten ließ", schießt es ihm durch den Kopf. „Bloß keine Zeit verlieren!" Er weckt Maria und erzählt ihr von der Abreise der Sterndeuter und seinem Traum. Er bindet ihr Jesus samt dem Tuch der Hängematte, in der er liegt, auf den Rücken. Darin kann Jesus weiterschlafen. Josef packt die Geschenke ein, die die Sterndeuter Jesus überreicht haben. Maria sammelt die wenigen Dinge, die sie besitzen, in einen Beutel. Dann verlassen sie Bethlehem.

„Wohin ziehen wir eigentlich?", will Maria wissen.
„Gottes Engel schickt uns nach Ägypten", antwortet Josef.
„Nach Ägypten? Hätten wir da nicht in die andere Richtung gehen müssen?", fragt Maria.
„Du meinst, wir hätten die Karawanenstraße wählen sollen?"
„Das ist der kürzeste Weg", weiß Maria.
„Aber dort würden wir Herodes direkt in die Arme laufen", entgegnet Josef. „Er lässt die Karawanenstraße von seinen Soldaten überwachen. Niemand kann sie benutzen, ohne dass der König es erfährt. Und der Engel sagte mir, dass Herodes Jesus töten will."
Maria nickt. „Dann ist es besser, wir nehmen den anderen Weg. In der Wüste wird Herodes uns nicht suchen."
„Ja", antwortet Josef, „denn niemand geht freiwillig in die Wüste. Und wenn doch, wird Herodes glauben, dass wir dort verdursten."
Maria nimmt Josefs Hand. „Ich weiß, dass Gott uns beschützen wird", flüstert sie. „Er wird uns heil nach Ägypten bringen."

In Kürze

Eines Nachts spricht Gott mit den Sterndeutern. Er warnt sie vor König Herodes. Darum nehmen Samsu, Isin, Abum und Nabonid einen anderen Weg zurück nach Babylonien. Von ihnen wird Herodes nicht erfahren, wo er Jesus finden kann!

Als die vier Männer fort sind, erscheint Josef im Traum ein Engel. „Steh sofort auf! Flieh mit Maria und Jesus vor König Herodes! Er will das Kind töten." Josef gehorcht. Er weckt Maria und packt mit ihr die wenigen Dinge ein, die sie besitzen. Dann verlässt die kleine Familie Bethlehem.

Matthäus 2,12–14

König Herodes ließ alle Juden verfolgen, die etwas gegen ihn sagten, und war für seine Grausamkeit und Machtgier bekannt. Darum fürchtete ihn das Volk sehr. Seine Gier nach Macht ging so weit, dass er seine nächsten Verwandten und Ehefrauen töten ließ, sobald er nur den leisesten Verdacht schöpfte, dass jemand nicht zu ihm hielt. Als Jesus geboren wurde, war Herodes bereits um die 70 Jahre alt.

23

Von Bethlehem nach Ägypten

Auf ihrer Flucht kommen Maria und Josef der Wüste immer näher. Es wachsen weniger Bäume und Sträucher am Wegrand. Dann sind sie umgeben von Sand und Staub. Trockenes, braunes Gelände, so weit das Auge reicht. Nirgends kann man etwas Grünes entdecken. Und auch einen Weg sehen sie nicht. Josef bleibt stehen. Beide schauen sich um. Auch Jesus, der im Tragetuch auf Marias Rücken aufgewacht ist, sieht sich die Umgebung an. Endlich findet Maria einen Wegweiser. „Sieh mal, Josef!", ruft sie. „Dort hinten der Steinhaufen! Da müssen wir lang." Und schon ziehen sie wieder los.

„Wie gut, dass die Menschen, die vor uns die Wüste durchqueren mussten, Steine als Wegmarkierung aufgeschichtet haben", seufzt Josef. „Wenn wir diesen Steintürmen folgen, werden wir uns nicht verlaufen."

Als die Sonne sinkt, kommen die drei an eine Höhle. „Lass uns bis morgen hier bleiben", schlägt Maria vor.

Josef nickt. „Dort hinten liegen Scherben. Wir sind also nicht die ersten, die hier übernachten." Er gibt Maria einen Kuss. Dann bindet er Jesus von ihrem Rücken los und setzt ihn auf den Boden. Der Kleine zieht sich an Josefs Bein hoch. An seiner Hand erkundet der Junge den Unterschlupf.

Als sie sich wenig später bei einem Abendessen aus Marias Beutel stärken, fragt Josef seine Frau: „Wusstest du eigentlich, dass mein Ur-Ur-Ur-Großvater auch einmal in genau diese Wüste geflohen ist?"

Maria überlegt. „Du meinst König David?"

„Ja, richtig. Das war, bevor er König wurde. Saul regierte das Land. Er wusste, dass David eines Tages König werden sollte, und wollte ihn deshalb töten. Da versteckte sich David hier in den Bergen in der Wüste. Gott beschützte ihn."

„Das war ja genau wie bei uns", antwortet Maria. „Saul und Herodes – zwei Könige, die Angst haben, ihre Macht zu verlieren."

Josef nickt. „Und zwei Menschen, die Gott als König auserwählt hat, fliehen in dieselbe Wüste: David und Jesus."

Am nächsten Morgen brechen sie wieder auf. Sie ziehen von Steinsäule zu Steinsäule, bis sie schließlich in einer Stadt ankommen. Erleichtert nimmt Maria ihren Mann in die Arme. „Siehst du", sagt sie, „Gott hat auf uns aufgepasst! König Herodes hat uns nicht verfolgt, obwohl er Jesus töten will. Hier findet er uns nie! Und Gott hat dafür gesorgt, dass auf dem langen Weg durch die Wüste unser Wasser und unser Proviant ausreichten. Wir haben uns nicht verlaufen. Und er hat alle wilden Tiere von uns ferngehalten, sodass uns keins angegriffen hat."

Josef nickt. Maria hat recht. Es hätte so viel passieren können in der Wüste! Dieser Weg war wirklich sehr gefährlich. „Danke, Gott, dass du uns beschützt hast", betet Josef. Er sieht sich um. Viele Reisende treffen sich in dieser Stadt. Hier ist nicht der Ort, an den der Engel Josef geschickt hat. Darum fügt Josef hinzu: „Bitte, Gott, behüte uns auch weiterhin."

Maria nimmt Jesus an die Hand. Nachdem er so lange auf ihrem Rücken saß, tut es ihm gut, ein paar Schritte zu laufen.

Auf dem Marktplatz kaufen Maria und Josef Wasser und etwas zu Essen für die weitere Reise. Dann suchen sie eine Karawane, die nach Ägypten zieht. Sie schließen sich den Händlern und ihren Kamelen an. „Wer alleine unterwegs ist, verirrt sich schneller", meint Josef. Außerdem werden Räuber oder wilde Tiere die kleine Familie nicht angreifen, wenn sie mit der Karawane läuft. Denn die weiß sich zu verteidigen.

Als Maria, Josef und Jesus schließlich in Ägypten ankommen, staunt Maria. Zwar sind die meisten Menschen, denen sie begegnet, Ägypter. Sie sprechen eine fremde Sprache und sind ganz anders als Maria. Aber in diesem fremden Land leben auch Menschen aus ihrer Heimat! Aus Israel. Sie sprechen dieselbe Sprache wie Maria und Josef. Auch sie sind vor dem grausamen Herodes durch die Wüste geflohen. Und weil sie an denselben Gott glauben, helfen sie einander. Sie lassen Maria, Josef und Jesus bei sich wohnen, bis diese eine eigene Hütte gefunden haben. Von dem Gold, das die Sterndeuter Jesus geschenkt haben, kaufen Josef und Maria alles, was sie zum Leben brauchen. Bald arbeitet Josef wieder als Zimmermann. Damit verdient er Geld, um seine Familie zu versorgen. Jesus lernt, alleine zu laufen und fängt an zu sprechen.

Maria trifft sich gern mit ihren Nachbarinnen am Brunnen oder auf dem Markt. Nach einiger Zeit fühlen sie sich fast schon ein wenig zu Hause in Ägypten. Trotzdem sehnen sie sich nach ihrer Heimat. Wie gern würden sie zurückkehren in das Land Israel, zu den Freunden, die sie vor ihrer Flucht hatten! „Meinst du, König Herodes sucht noch nach Jesus?", überlegt Maria.

Josef legt ihr beruhigend die Hand auf den Arm. „Gedulde dich", sagt er, „der Engel hat mir aufgetragen, mit euch hierzubleiben, bis er mir etwas anderes sagt. Gott hat uns ganz bestimmt nicht vergessen! Wenn er uns warten lässt, dann wird es einen Grund haben." Und bei sich denkt Josef:
Hoffentlich lässt Gott uns nicht mehr allzu lange warten.

In Kürze

Maria und Josef fliehen mit Jesus vor König Herodes. Der Engel sagte Josef im Traum, dass sie nach Ägypten ziehen sollen. Der kürzeste Weg dorthin wird allerdings von Soldaten überwacht! So muss die kleine Familie den Umweg durch die Wüste nehmen. Dort führt keine Straße hindurch. Der richtige Pfad ist mit aufeinandergestapelten Steinen markiert. Trotzdem ist diese Reise nicht ungefährlich. Maria und Josef sind froh, als sie mit Jesus heil in Ägypten ankommen. Dort finden sie Arbeit, eine Unterkunft und Freunde, die genau wie sie selbst aus Israel kommen und vor Herodes geflohen sind.

Matthäus 2,15

Als Herodes merkte, dass die Sterndeuter nicht mehr bei ihm auftauchen würden, überkam ihn rasende Wut. Da er ohne die Sterndeuter keine Möglichkeit hatte, unauffällig herauszufinden, welches der kleinen Kinder aus Bethlehem Jesus war, konnte er ihn nicht so einfach töten. Um sicherzugehen, dass Jesus ihm nicht eines Tages in die Quere kommen würde, ließ Herodes in und um Bethlehem alle Jungen bis zum Alter von zwei Jahren umbringen. Doch da waren Maria und Josef mit Jesus schon in Sicherheit, auf dem Weg nach Ägypten ... Da Bethlehem nur ein sehr kleiner Ort war und Herodes viele derart grausame Taten begangen hat, ist der **Kindermord** übrigens nicht in außerbiblischen Geschichtsbüchern vermerkt.

24

Nazareth und mehr

Schon lange leben Josef, Maria und Jesus in Ägypten. Eines Nachts hat Josef wieder einen besonderen Traum: Ein Engel fordert ihn auf, mit Jesus und Maria zurück nach Israel zu gehen. „Alle,
die Jesus umbringen wollten, sind jetzt selbst gestorben", sagt er. Dann verschwindet der Engel.
Josef setzt sich und reibt sich die Augen. „Ich hatte mich gerade an das Leben in Ägypten
gewöhnt", überlegt er. „Wir werden unsere neuen Freunde sicher vermissen." Dann steht er auf.
„Aber meine Heimat und meine alten Freunde", denkt Josef, „die vermisse ich noch viel mehr!
Wie gut, dass wir wieder zurück können!" Er sieht aus dem Fenster. Bald wird die Sonne auf-
gehen. „Wenn ich jetzt schon leise anfange, unsere Sachen zu packen, können wir gleich nach
Sonnenaufgang losziehen."
Als Maria aufwacht, hat Josef bereits alles für die Rückreise vorbereitet. Sogar einen Esel hat
er auf dem Markt gekauft und ihm das Gepäck aufgeladen. Ohne dass Josef etwas sagen muss,
weiß Maria Bescheid. In ihrem Inneren geht alles wild durcheinander. Es fühlt sich an, als wollte
ihr Herz für einen Moment stehen bleiben. Dann pocht es so laut, dass Maria meint, jeder könne
es hören. Und in ihrem Bauch kribbelt es wie von tausend Ameisen. Sie hat so lange darauf gewartet, wieder nach Hause gehen zu können! Und jetzt ist es endlich so weit. Maria ist gleichzeitig erleichtert und froh, aber auch ängstlich, aufgeregt und sogar ein bisschen traurig, ihre neuen
Freunde verlassen zu müssen. Wie gut, dass Josef und Jesus bei ihr sind. Maria nimmt beide in
die Arme.
„Es ist so schön, eine Familie zu haben", denkt auch Josef.
Nach dem Frühstück brechen die drei Wanderer auf. Diesmal müssen sie nicht durch die Wüste
gehen, denn der Engel hat Josef versichert: „Alle, die Jesus töten wollten, leben nicht mehr." So
können sie auf der Karawanenstraße nach Israel ziehen. Dieser Weg ist viel ungefährlicher. Und
kürzer ist er auch.

Immer wieder treffen Maria, Josef und Jesus andere Menschen. Einige erzählen, was in Israel
geschehen ist, als die kleine Familie in Ägypten wohnte: „Der böse König Herodes ist gestorben.
Weil er drei Söhne hatte, ist nun jeder von ihnen König über einen Teil des Landes."
„Sind sie gute Könige? Oder sind sie wie ihr Vater Herodes?", will Josef wissen. Er erfährt, dass
nur einer der Könige die Menschen so schlecht behandelt wie sein Vater. Als Josef hört, dass dieser ausgerechnet über Bethlehem regiert, wird ihm ganz schlecht vor Angst. „Gott hat uns doch
zurück nach Israel geschickt", sagt er zu Maria. „Ich dachte, wir gehen wieder nach Bethlehem.
Doch jetzt gibt es dort einen neuen bösen König!"
In der folgenden Nacht kann Josef zuerst gar nicht einschlafen. Er denkt: „Selbst wenn der neue

Herrscher nicht weiß, dass Jesus ein besonderer König ist, könnte es gefährlich werden!" Denn Josef hat gehört, dass der Mann viele Menschen ohne besonderen Grund tötet.

Als er endlich zur Ruhe kommt, spricht Gott wieder einmal im Traum zu Josef. Maria staunt, als sie am nächsten Morgen aufwacht: Josef ist auf einmal so zuversichtlich! Gestern war er noch voller Angst.

„Das hat Gott bewirkt", erklärt Josef ihr. „Er hat mir im Traum gezeigt, dass wir nach Nazareth ziehen sollen. Dort herrscht ein guter König."

So machen sie es auch. Wie groß ist ihre Freude, als sie in Nazareth ankommen und ihre Freunde und Familien wiedersehen! Josef legt den Arm um Marias Schultern. Während sie Jesus zusehen, wie er den Garten erkundet, sagt Maria: „Erinnerst du dich noch an den Tag, als wir von hier fortzogen? Früh am Morgen sind wir nach Bethlehem aufgebrochen, damit der Kaiser uns in seine Listen eintragen kann. Hättest du gedacht, dass wir erst nach so langer Zeit wieder heimkommen?"

Josef schüttelt den Kopf. Sie haben so viel erlebt in den letzten Monaten. Das hatte er wirklich nicht erwartet, als er damals mit Maria von hier losging. Jesus, der König, den Gott David versprochen hat, wurde im Stall geboren anstatt in einem Palast. Der Retter, den Gott gesandt hat, um den Menschen zu helfen, spielt mit den Nachbarskindern im Sand vor dem Haus.

Maria und Josef sind gespannt, was sie noch mit Gott erleben werden.

Wie alle anderen Kinder in Nazareth erlernt Jesus den Beruf seines Vaters, als er älter wird: Zimmermann. Eines Tages, als Jesus schon lange erwachsen ist, beginnt er, durch ganz Israel zu reisen. Überall, wo er hinkommt, erzählt er den Leuten, dass Gott sie liebt. Er erklärt allen, wie sie mit Gott befreundet sein können. Viele Menschen glauben ihm. Für Gott sind sie nicht mehr verloren, sondern gerettet. Sie erleben wunderbare Dinge: Jesus macht Kranke gesund und sogar Tote wieder lebendig! Als Jesus nach seinem eigenen Tod selbst wieder lebendig wird und zu Gott in den Himmel zurückkehrt, zeigt sich: Er ist tatsächlich für immer König – über die ganze Welt und mächtiger als alle anderen Herrscher.

In Kürze

Endlich dürfen Josef, Maria und Jesus wieder zurück nach Israel gehen!
Ein Engel erscheint Josef im Traum und versichert ihm: „Alle, die Jesus
töten wollten, sind gestorben." So zieht Josef mit Maria und Jesus wieder
nach Nazareth. Hier spielt Jesus mit den Nachbarskindern und hilft seinen
Eltern.

Als er größer wird, erlernt er den Beruf seines Vaters: Er wird Zimmermann. Eines Tages beginnt Jesus, durch ganz Israel zu reisen. Er erzählt
den Leuten, dass Gott sie liebt. Er erklärt allen, wie sie mit Gott befreundet
sein können. Viele Menschen glauben ihm. Sie erleben wunderbare Dinge:
Jesus macht Kranke gesund und sogar Tote wieder lebendig! Als Jesus nach
seinem eigenen Tod selbst wieder lebendig wird und zu Gott in den Himmel
zurückkehrt, zeigt sich: Er ist tatsächlich für immer König – über die ganze
Welt und mächtiger als alle anderen Herrscher.

Matthäus 2,19–23

Was wurde eigentlich aus **Johannes**, dem Sohn von Elisabeth und Zacharias? Nach Marias Besuch bei Elisabeth erfährt man erst wieder von dem
etwa 34-jährigen Johannes. Er lebte in der Wüste und war ein bekannter
Prophet. Er taufte viele Menschen im Fluss Jordan und erzählte ihnen,
dass der Retter bald kommen würde. Als er den König Herodes Antipas
(den Sohn von Herodes dem Großen) für einen Gesetzesbruch kritisierte,
wurde er verhaftet und schließlich hingerichtet.

Für alle, die es ganz genau wissen wollen

Wer sich in das Leben zu biblischen Zeiten weiter vertiefen möchte, der findet hier eine kleine Auswahl an empfehlenswerten Lexika.

Für Kinder:

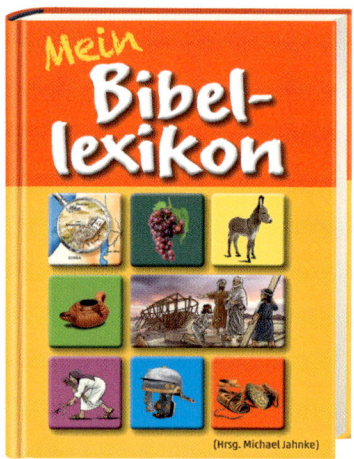

Mein Bibellexikon
Michael Jahnke (Hrsg.)
SCM Kläxbox im SCM-Verlag GmbH & Co. KG
Nr. 228.543

Mein Bibel-Entdeckerbuch
Menschen der Bibel
Michael Jahnke (Hrsg.)
SCM Kläxbox im SCM-Verlag GmbH & Co. KG
Nr. 228.666

Für Erwachsene:

Lexikon zur Bibel
Fritz Rienecker, Gerhard Maier,
Alexander Schick, Ulrich Wendel
SCM R.Brockhaus im SCM-Verlag GmbH & Co. KG
Nr. 226.550

Ein herzliches Dankeschön

... möchte ich allen Kollegen im SCM-Verlag aussprechen, die mich unterstützt haben und dadurch dieses Buch überhaupt erst ermöglichten. Ganz besonders Marcella Zapp, die sich mit mir in Nachschlagewerke vertieft hat, und Dr. Ulrich Wendel, der alles auf fachliche Richtigkeit überprüft hat.

... geht an Tanja Husmann für ihre bezaubernden Bilder!

... an Lea und Moritz, die das Manuskript bereits ausgiebig testen konnten und mich auf die besten Ideen brachten.